誰も教えてくれない
「生産管理システム」の
正しい使い方
その運用で儲けが出ていますか？

本間 峰一 著

はじめに

　「高い金を払って生産管理システムを入れたのにうまく動いていない」。こうした話を聞くことが増えてきました。多額な費用を出してERPや生産管理システムを導入したのに、前よりもコンピュータシステムの使い勝手が悪くなった上に、今まで普通にできていた管理すらできなくなった、という声も少なくありません。

　関係者に話を聞いてみると、「他社で使っているパッケージシステムなら、問題なく動くと思っていた」「ユーザーがシステムを使いこなさないと、生産管理システムは機能しないとは、思いもよらなかった」というものです。多数の工場関係者が生産管理システムの導入を、はっきり言えば甘く考えて対応していたことがわかります。

　なぜ、こうした誤解が起きるのでしょうか。その背景には、生産管理担当者や情報システム担当者が、生産管理システムの構築方法を学ぶ機会が減少していることにあると見ています。生産管理の勉強をするのはシステム入れ替え時くらいで、それも10年から20年単位という工場がほとんどです。過去の経験に学ぶのは難しく、導入して初めて問題に気づくのが普通です。

　この状態を何とか改善できないか、と執筆したのが本書です。工場が生産管理システムを活用しようとした際に直面しやすい課題、さらに工場関係者がそれらの課題にどう向き合えばいいかを整理しました。ただし、本書は生産管理理論や生産管理システムの解説書ではありません。生産管理理論の勉強をしたい方は他書、できれば日本語だけではなく英語の専門書もお読みになることを勧めます。

　ところで、企業の業務課題や生産管理システムに求められる内容は、企業によってさまざまです。そもそも当該企業が置かれている事業環境や、製品および生産システムの特性は企業によって異なります。それを本にまとめて、体系的に説明することができるのか。最終的には個々の企業にコンサルティングに入らなければわからないのではないか。このように考える人は多いと思います。結論が「企業によって違う」というのでは本にはなりません。

　実際に多くの工場を訪問してみると、そこには各社に共通的な課題が数多く残っていることがわかりました。第1章の「わが社の生産管理システムは本当

に役に立っているか？」では、そうした課題を紹介しました。読者のみなさんの会社でも、同様の悩みを抱えていないでしょうか。特にサバ読みの横行は、日本の製造業界に広く蔓延している大問題です。サバ読み問題を残したままコンピュータに頼ろうとしても、うまくいくはずはありません。

また、第2章以降ではこれらの問題が起きている原因と、生産管理システムを使って解決するための考え方を、できるだけ綺麗ごとではない形で紹介しました。こちらは、会社の置かれている状況によって変わってきます。各社で思い当たる部分をピックアップしていただいて、システム活用の参考にしていただければ幸いです。

システム活用のためには、第2章のデータ分析が何よりも重要です。担当者による課題認識は、思い込みによるハロー効果で増幅されている可能性があります。できるだけ数字で検証してから、生産管理システムの活用検討に入るようにしましょう。

なお、筆者は日刊工業新聞社で「生産管理システムの使い方」に関する研修を定期的に実施していますので、あわせてご利用ください。

本書の出版に際しては、さまざまな方にお世話になりました。過去のコンサルティング活動を通じて知り合いました多くの企業や同志のみなさん、本書出版の機会を与えていただきました日刊工業新聞社、さらには関係のみなさんのご多幸をお祈り申し上げるとともに、心より感謝申し上げます。

最後になりましたが、本書が日本の製造業者の利益向上とモノづくりの発展に、少しでもお役に立てればと願っております。

平成30年7月

本間 峰一

誰も教えてくれない
「生産管理システム」の正しい使い方
目 次

はじめに……………………………………………………………………………… 1

第1章 わが社の生産管理システムは本当に役に立っているか？

1-1 生産管理システムを伝票発行にしか使っていない……………………… 8
1-2 生産管理システムは購入品の調達だけに使っている…………………… 12
1-3 生産管理はExcelと追っかけマンが支えている………………………… 16
1-4 製造現場が指示通りに動いてくれない…………………………………… 20
1-5 在庫引当結果が信用できないので使わない……………………………… 24
1-6 わが社には生産計画を作成する人がいない……………………………… 28
1-7 販売管理システムと同じ使い方しかしていない………………………… 32
1-8 サバ読みが横行してシステムどころではない…………………………… 34
　　　column　隣の生産管理システムは青く見える ――――――――― 36

第2章 生産管理データで生産の実態を分析する

- 2-1 在庫の実態を把握したい ……………………………………………… 38
- 2-2 「ほんま式在庫分析表」で過剰在庫を洗い出す ……………………… 42
- 2-3 納期遅れを減らしたい …………………………………………………… 46
- 2-4 「リードタイム分布分析表」で異常な生産オーダーを見つける …… 50
- 2-5 「流動数曲線グラフ」で進捗と仕掛在庫を見える化する …………… 54
- 2-6 製造時間データを用いて工程稼働分析をする ………………………… 58

> column スーパーマーケット方式への誤解 ──────── 62

第3章 生産管理システムは何を変えるか？

- 3-1 生産管理システムの活用目的を共有しているか ……………………… 64
- 3-2 システム化で事務工数は減っているか ………………………………… 68
- 3-3 生産リードタイムは短くなったか ……………………………………… 72
- 3-4 待ち時間を短くしないとリードタイムは短縮しない ………………… 76
- 3-5 システム化で在庫は減ったか …………………………………………… 80
- 3-6 工場利益は増えたか ……………………………………………………… 82
- 3-7 内製化を推進するだけで利益は生み出せる …………………………… 84
- 3-8 制約（ネック）工程を管理して利益を増やす ………………………… 88
- 3-9 生産平準化を実現させて利益を確保する ……………………………… 92

> column 消込バンクによる事務効率化 ──────── 96

第4章 MRP生産管理システムが生産の邪魔をする

- 4-1　MRP生産管理システムとは……98
- 4-2　MRPはなぜ期待を集めたのか……102
- 4-3　MRPはなぜ理想通りに使えないのか……106
- 4-4　販売計画の精度が低いとMRPは機能しない……110
- 4-5　MRPの限界がスケジューラーを生み出した……114
- 4-6　MRPを工程管理に使ってはならない……118
- 4-7　大企業が展開する新しいMRP活用法……120
- 4-8　思い切ってMRPは使わない……122
- column　システムベンダーに思いが伝わらない?……124

第5章 生産管理システムへの疑問

- 5-1　受注生産企業に生産計画機能は必須か……126
- 5-2　原価管理が生産管理の邪魔をする……130
- 5-3　在庫削減を推進したら利益が減った……132
- 5-4　スケジューラーを使うとリードタイムが長くなる……134
- 5-5　なぜマスターの設定が重要か……138
- 5-6　EDIが業務効率を悪化させる……142
- column　「上流設計が重要」には気をつけよう……144

第6章 生産管理システム活用に向けて気をつけること

- 6-1 生産管理システムを取り巻く環境変化 ……………………………… 146
- 6-2 ブルウィップ効果に注意しよう ………………………………………… 150
- 6-3 「現状のまま」がシステムトラブルを引き起こす …………………… 154
- 6-4 パッケージベンダーの売り込み文句に注意する …………………… 158
- 6-5 パッケージ開発からプロトタイプ開発へ …………………………… 160
- 6-6 生産管理と現場改善は両輪だ ………………………………………… 164
- 6-7 ユーザー部門を巻き込むための秘訣 ………………………………… 166
- 6-8 工場と営業が力を合わせる大切さ …………………………………… 170
- column SESと構内外注の違いに気をつけよう ……………………… 174

補章 生産管理システム関連のワンポイント用語説明

- S-1 生産管理システムの主要機能 ………………………………………… 176
- S-2 生産管理方式 …………………………………………………………… 180
- S-3 生産方式 ………………………………………………………………… 182

参考文献 …………………………………………………………………………… 184
索引 ………………………………………………………………………………… 185

第1章

わが社の生産管理システムは本当に役に立っているか？

　日本の大多数の工場に共通する生産管理システムの活用実態と活用について、冒頭で紹介します。中規模以上の製造業者で、生産管理システムを使っていない企業はほとんどありません。しかし、うまく活用しているかというと、必ずしもそうとは言えない工場が大半です。なぜ活用できないかを工場関係者にヒアリングすると、「当社は特殊だ」とか、「当社は他社に比べて管理レベルが劣っているから」といった声を聞きます。しかし、筆者の経験ではどこも似たり寄ったりという状態です。

1-1 生産管理システムを伝票発行にしか使っていない

　日本の工場に生産管理システムの利用が広がった背景に、生産管理をサポートする業務管理パッケージシステム（以下、生産管理パッケージ）の普及が挙げられます。各工場は生産管理パッケージシステムを使うことで、多額の費用をかけなくても生産管理システムを構築することができるようになりました。

　ほとんどの工場が部品や材料（以下、部材）の注文書、製造現場への製造指示書をコンピュータシステムから打ち出して業務運用しています。コンピュータシステムを使って製造実績情報の収集や製造進捗状況の監視をしたり、その延長で仕掛品の在庫量や個別原価数字を計算したりするシステムを入れている工場も数多くあります。

　さらに個々の製造設備や機械を、PLC（プログラムロジックコントローラー）やセンサーネットワーク経由でメインコンピュータと接続し、製造実績情報などを集めて見える化するIoT化も加速されています。

　工場のコンピュータ利用状況を見て、自社の生産管理システム活用に満足する工場管理者や経営者もいます。しかし多くの工場が、現在使っている生産管理システムが当該企業の生産システムにとって本当に役立っているのかというと、必ずしもそうとは言えません。

🦋 生産計画の策定が重視される時代

　日本の多くの工場関係者には、生産余力が足りなくなったら外注工場を使えばいいとの考え方が浸透しています。過去に投資した設備が余剰生産能力として残っている国内下請工場も多く、自社工場でつくれなくても、外注工場がすぐにつくって納品してくれるという状況でもありました。

　こうした環境下では、部材が手配納期通りに手に入りさえすれば、製品の生産は何とかなりました。生産管理システムは部材注文書や製造指示書（現品票）などの伝票発行が中心となり、製造現場は伝票もしくはワーク（製作物）が届いた順に製造するという形が一般的でした。

　自社でつくれない場合でも外注企業がカバーしてくれるため、製造能力をコントロールして生産性を上げることや、短期間で効率的に製造するために必要

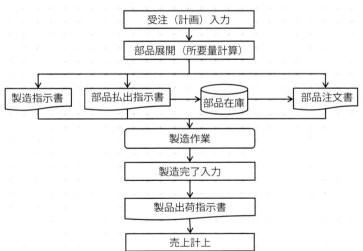

生産管理システムの主目的は伝票を発行すること

第1章　わが社の生産管理システムは本当に役に立っているか？　　9

な生産計画の精度向上などは後回しにしている工場も多いようです。

　筆者はこの状態にある生産管理システムを「生産伝票発行機」と呼んでいます。みなさんの工場の生産管理システムはいかがでしょうか。

　2015年頃から、人手不足を原因とした製造能力不足問題が日本の工場現場を直撃するようになりました。取引先からの注文や引き合いはあるけれども、製造現場の作業員が足りずに要求通りに生産することができない、または正社員どころか派遣工、パート社員、外国人技能実習生などを総動員しても人手が足りないといった工場が急増しています。

　製造現場の製造能力不足は、自社工場だけでなく外注先や部品会社まで広がっており、生産計画もしくは生産指示通りにつくれない製品が続出しています。こうしたことを背景に、今までは軽視していた生産計画策定を重視する工場が急増しています。生産管理システムも、生産伝票をただ印刷するだけではダメで、負荷調整や納期管理を的確にサポートするシステムでなければ役に立ちません。急に生産管理システムを入れ換える企業もあります。

🦋 わが社のシステムは生産管理システムか生産統制システムか

　生産管理システムの活用を図るためには、そもそも生産管理システムとは何を管理するシステムなのか、から考える必要があります。

　生産管理システムの基本的な機能は3つあります。生産現場の効率性を高めて生産性向上を実現するための「計画機能」、計画通りに製造現場が実行するための「指示機能」、指示通りに製造現場が実行しているかを把握するための「監視機能」の3つです。それぞれがマネジメントサイクルのPDS（Plan・Do・See）に当たります。

　上記のような生産伝票発行機状態の生産管理システムは、生産指示機能が中心のシステムです。監視データの収集まで実施している工場もありますが、生産性向上を目指した計画策定機能や、監視結果に基づき生産効率を高める計画策定機能まで取り組んでいる生産管理システムは限られています。これらのシステムは、生産管理システムと呼ぶよりも「生産統制システム」と呼んだ方が的を射ています。

　本書は、生産統制システムを生産管理システムに発展させていくための道も示すようにしました。そのためにも、自社システムが統制システムなのか管理システムなのかを常に念頭に置いて、読み進めるようにしてください。

生産伝票発行機への疑問

- コンピュータ導入で管理スタッフの仕事が増えている気がする
- 前よりもリードタイムや在庫が悪化したり、欠品が増えたりしている気がする
- 生産管理システムを入れたのに納期遅れ品がいつ完成するのかわからない
- 伝票発行にしか使っていないのに、導入費用や維持費用が高すぎる
- 依頼した経営管理資料や業務管理資料がなかなか出てこない（データがない？）
- Excel資料はたくさん出てくるが、数字は本当に信頼できるのだろうか
- 生産管理パッケージを入れたのになぜ担当者はこんなにExcelを使うのか
- 生産業務上の問題点や課題はコンピュータでは把握できないものなのか

経営者は内心では疑問に思っても、ITの素人なので口に出しにくい
⇒ 盲目的にベンダーの提案に載せられて生産管理パッケージを導入したことで、生産システムに問題が生じる工場が増えている

生産統制システムと生産管理システム

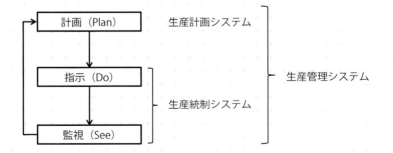

第1章　わが社の生産管理システムは本当に役に立っているか？

1-2 生産管理システムは購入品の調達だけに使っている

　多くの工場が使っている生産管理システムはMRP（Material Requirements Planning）をベースとしています[1]。MRPは、日本語訳の「資材所要量計画」からもわかるように、部材調達で必要な所要量を計算するためにつくられた計算ロジックです。そのためもあって、MRP生産管理システムの利用は工場における部材の調達利用から始まりました。今でも生産管理システムは調達業務だけにしか使っていない工場も数多くあります。

　そうした工場では、部材調達後の工場内の製造業務管理はどのように行っているでしょうか。筆者の経験では次の4つのパターンの工場が多いようです。

🦋 現場はシステムからの指示ではなくモノが届いた順に製造

　日本の工場で多く見られるのは、製造工程の管理にはコンピュータは使わず、製造現場はワーク（製作物）もしくは現品票と呼ばれる製造ロット番号単位に発行された製造指示伝票が届いた順に製造している形です。

　各製造工程の現場班長が前日の夜、もしくは当日の朝までに担当工程に届いている現品票かワーク（現物）を確認し、自工程の製造能力などを見ながら工程に着いた順、あるいは納期が迫っている順に製造します。

　日本の製造現場は優秀だったため、この方法でも問題なく製造できました。わざわざ生産管理システムを使わずとも支障なく製造できた工場が多く、その名残もあって今でも現場任せ状態の工場が数多く残っています。

　ただし、近年は高齢化により製造現場のベテラン班長が少なくなっているせいか、現場の管理能力が劣化しつつあります。現場任せにするだけではうまくいかず、システムを使った進捗管理や稼働管理が求められるようになっています。

🦋 「かんばん」を使っているので生産管理システムの必要性を感じない

　現場任せ管理からの改善形態として日本の工場で目にすることがあるのが、製造工程の指示にトヨタ生産方式（TPS）の「かんばん」を使うケースです。

1　MRPについては第4章で詳しく説明します。

工場内の製造業務管理でよく見られる形

① ワーク（製作物）や伝票が届いた順に製造している
② トヨタ生産方式で用いるかんばんを使って製造している
③ 生産管理システムとは別に工程管理システムや MES を入れている
④ Excel で個別に指示をしたり、管理をしている

TPSのコンサルタントなどが指導した工場で採用されています。

　かんばんは、コンピュータを使わなくても自律的に工程指示や仕掛品管理ができる優れたシステムです。コンピュータからの指示にあわせて製造するよりも効率的に製造ができます。かんばんを使い始めた工場の中には、あえて工程管理にコンピュータを使わないようにした工場もあります。

　ただし、かんばんは生産全体が平準化された繰り返し型の製造工程でないとうまく機能しません。この前提を考慮せずにかんばんを使って製造しようとすると、製造現場は欠品や滞留在庫などによる混乱に悩まされやすくなります。この問題への対策としては、かんばんを利用するときであっても進捗状況はコンピュータを使って監視することが大切です。

❦ 生産管理システムとは別に工程管理システムを構築

　大企業の工場の中には、生産管理システムとは別に工程管理用のシステムをつくって使っているところもあります。代表的なシステムに、化学工場や半導体工場などが使っているMES（Manufacturing Execution System：製造実行システム）があります。

　自動化の進んでいる製造工程管理の場合は、こうした専用の工程管理システムがないと機能しません。生産管理システム以上にMESの活用の方が重要となる業界があることも知っておきましょう。

❦ 生産管理システムではなく担当者がExcelで指示書を作成

　大企業の製造現場で急激に増えているのが、製造現場への製造指示は生産管理システムから出力したものをそのまま使うのではなく、生産管理部の担当者や、製造現場の担当者がExcelやAccessで別につくった生産計画表や製造指示表などで行う方法です。

　ここ数年では、工場でのExcel利用が急激に増えている印象があります。生産管理パッケージの標準機能では十分に管理できない、補完としてのExcel頼りが浸透したためのようです。中には、外部流出はご法度の秘密情報や個人情報を含んだExcelファイルを、深く考えずにメールで外注会社に送付している工場もあります。

　しかし、このExcel依存のやり方は、システム的にも内部統制的にも推奨できる流れではありません。Excelを用いることで、属人的かつ部分最適な流れが定着する恐れがあります。

かんばんの仕組み

外れたかんばんが前工程に渡ることで作業指示となる

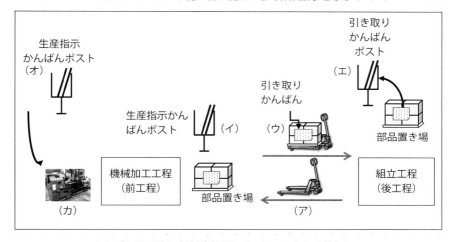

かんばんは平準化生産が実現していないとうまく働かない

第1章　わが社の生産管理システムは本当に役に立っているか？　　15

1-3 生産管理はExcelと追っかけマンが支えている

　生産管理システムが伝票発行機状態にとどまっているかどうかは、当該システムだけではなく、生産管理部担当者の仕事の内容を見るだけでもつかむことができます。

　工場の生産管理部は、工場のマネジメントサイクル（Plan→Do→See）を司っている部門です。一般的には営業からの情報を用いて生産計画を策定したり、生産計画通りに生産が行われているかどうかを監視したりする部署と考えられています。生産管理システムは生産管理部の業務を支援するための情報システムです。

　生産管理部に求められる最大の役割は生産計画の策定作業です。生産計画とは、顧客もしくは営業部門からの要求納期にあわせて、いかに効率良く生産するかを決める計画です。内製でつくるか外注でつくるかを決めたり、どの工程でいつ生産するかを決めたりします。

　生産計画が機能しないと、納期遅れが多発して顧客に迷惑をかけることになります。さらに工場稼働が変動することで、利益創出にも障害が出る恐れがあります。そのためもあって、生産計画を策定する生産管理部は、工場経営にとっては要（かなめ）の役割を担う部署に位置づけられます。

🦋「工程追っかけマン」が走り回っている

　ところが、多くの工場で実際の生産管理部の仕事を見ると、生産計画立案よりも、現場に対する進捗状況や納期遵守のトレースが主体になっているところが多いようです。生産管理システムが十分に機能していない工場の生産管理部ほど、製造現場との納期調整作業に時間をかけています。

　筆者の周りでは、こうした作業をしている生産管理担当者を「工程追っかけマン」と呼んでいます。たとえば生産管理部の担当者が、イラストに示したように工場を走り回って指導している工場です。みなさんの工場ではいかがでしょうか。

　こう書くと、「工程追っかけマンのどこが悪いの？」と思われる方もいると思います。彼らの献身的な努力によって、要求納期対応が機能している工場も

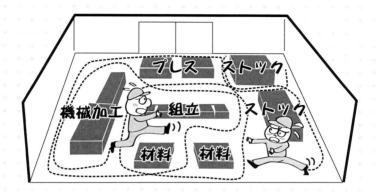

工程追っかけマンの仕事

○ 担当者自らが現場を走り回って、製造物の製造がどこまで進んでいるかを確認する
○ 朝一番で製造現場の班長さんとミーティングして、その日に製造するものを調整・伝達する（指示表や口頭などによる）
○ 翌日に製造するための部品や仕掛品が揃っているかを前の晩に確認する（コンピュータでの確認もしくは現場での目視確認など）
○ 要求納期に遅れそうな製造物や購入部品に督促を出したり、特急対応指示を出す
○ Excel などにより独自の製造指示書を作成する
○ 現場から生産実績記入表を収集してコンピュータに入力する

たくさんあるからです。実際に、工程追っかけマンとしての自分の仕事に、生き甲斐と誇りを感じている人も多いです。

しかし、彼らの仕事は生産システムを全体最適の側面から見た場合に、正しい対応をしていると断言できるでしょうか。モグラたたき的な現場対応は、緊急時の火消しにはなっても、経営管理面ではムダを生み出す温床になりかねません。「のど元過ぎれば…」ということで、抜本改善の方向性も見出しにくくなるのが普通です。

🦋 管理担当者はExcel資料ばかりをつくっている

前項でも少し触れましたが、日本の大企業の製造現場で近年、急激に増えているのが、生産管理担当者が生産管理システムを使わずにExcelばかりを触っているという姿です。

ERP[2]ブームの際に業務をパッケージに合わせるという話が広がりましたが、生産管理業務は簡単にはいきませんでした。その解決策として広がったのが、工場スタッフのExcel利用です。

大企業のスタッフ部門にある大半のパソコンには、Excelが搭載されています。情報システム部門に開発を依頼してもなかなか動いてもらえないことでも、自分のパソコンに搭載されているExcelを使えば何とかなります。情報システム部へのシステム開発依頼を発行する必要もありませんし、システム開発費用も発生しません。したがって細かな指示や管理はExcelで、という流れが広まったようです。中には、マクロを駆使した専用ツールの開発に時間を費やしている管理スタッフもいます。

🦋 生産管理理論を勉強しない生産管理担当者

こうした状態にある生産管理部を中心に、生産管理の活用目的や生産管理理論を勉強せず、コンピュータや製造現場に振り回されている生産管理担当者が増えています。この状態を放置しておくと、生産管理担当者は自分の頭で考える余裕がなくなることも考えられます。

結果的に、その工場は十分な生産性や利益を上げることはできません。さらにこうした担当者ほど、生産管理システムが入ると自分たちの仕事がなくなることを心配し、システム化に抵抗する傾向も見られます。

---

2 Enterprise Resource Planningの省略で統合業務パッケージのことです。

工程追っかけマンの何が問題か

- 目の前の問題を解決することが中心となり。問題の発生原因究明がおざなりになりやすい
- 工程追っかけマンの暫定対応が他の問題の発生を誘発する可能性がある
- 部分最適的な解決策が選択されやすく、全体最適観点で見ると問題なことがある
- コンピュータからの指示内容との乖離が放置されやすい
- 製造結果が実績データに反映されない可能性があり、他者からは何が起きているかを把握しにくい
- 属人対応になりやすく、担当替えがあったときに同じ対応をとることが難しい
- 追っかけによる解決が日常化することで、自身の向上心や改革志向が低下しやすい

管理担当者がつくるExcel管理資料の例

- 前日までの製造進捗表
- 前日夜時点での仕掛品在庫情報
- 今週もしくは当日の製造予定表（全体、各工程単位）
- 当日の設備別製造オーダー計画表（各工程単位）
- 当日の作業要員の分担表（各工程単位）
- 当日の製造実績表（製造数量、不良数量など）
- 当月の製造出来高表（数量、金額など）
- 当月の日別稼働実績表（工程別、設備別）

1-4 製造現場が指示通りに動いてくれない

　生産管理システムがうまく機能していないのは、システム側だけに原因があるとは限りません。製造現場がコンピュータからの指示通りに動いてくれないことも、システムが機能しない主因になります。
　以下に、製造現場で実際にどんな問題が起きているかを挙げました。

🦋 現場がロットまとめ生産をしたがる

　生産管理部の指示を無視して製造現場が独自に動く内容としてよく聞かれるのが、製造現場が勝手にロットをまとめて製造することです。理由には段取り替えが煩わしいとか、製造機械の稼働を上げるために一度に処理したいなどがあります。
　後ほど（第3章「3-8項」）改めて説明しますが、本来ロットまとめが許容されるのは、制約（ネック）工程とそれに準ずる工程だけです。それ以外の工程は小ロット化して、リードタイム短縮を目指すのが適切な生産管理のあり方です。各工程が過度なロットまとめを繰り返すと、リードタイムが間延びして納期遅れや仕掛滞留在庫品の増加を引き起こすことが心配されます。これでは生産管理の意味が見出せません。
　特に、現場目標に設備生産効率（生産性）や稼働率を掲げている製造部がロットまとめをして、数値を良く見せたがります。製造部の目標数字は、部分最適を誘発するだけで工場運営の障害になりやすいため、現場目標数字の設定にはくれぐれも注意しましょう。

🦋 順番通りに製造してくれない

　製造現場は生産管理部の指示通りの順番でつくるか、工程に届いた順（先入れ先出し）につくるのが本来の姿です。ところが、製造現場が順番通りにつくらないという問題が起きている工場もあります。
　その理由の1つが上記のロットまとめですが、それ以外にもつくりやすい製品からつくる、納期が迫っているものからつくる、部材が届いたものからつくるなどさまざまな順番を崩す作業が横行しています。治具や工具がないために

順番通りにつくれないことで、数日以内の入れ替えは認めるというような工場もありますが、ひとたび製造現場に順番入れ替えを許可すると、タガが外れる心配が生じます。

　この状態を放置していると、生産管理部によるリードタイム管理や進捗管理は機能しません。生産管理担当者は進捗データを監視するとともに、おかしな動きが見られたらすぐに指示通りにつくるよう指示をしたいものです。

❦すぐに外注に出そうとする

　製造能力に余裕がなくなってきた製造現場では、独断で当該工程の製造を社内工程から外注会社に変更することもよく目にします。納期を守るためならこの判断は仕方がない、と感じる方も多いかと思います。しかし、安易な外注利用は企業経営にとって非常に危険な考え方です。

　社内でつくるのと外注会社でつくるのでは、企業の利益確保面から見ると大きく違います。いくら納期が間に合っても、外注会社でつくると利益は大きく減る可能性が高いからです。

　内製でつくるか外注会社でつくるかは、きわめて重要な経営判断事項です。製造現場が勝手に判断するような問題ではありません。製造部だけでなく、生産管理部の担当者がこの問題の重要性に気づいていないこともあります。余程の事情がない限り内製を優先した生産を徹底すべきです[3]。

❦製造実績を入力してくれない

　生産管理システムが機能しない原因の1つに、製造現場の担当者が実績入力を忘れることが挙げられます。製造現場にとって実績入力作業は付随的なもので、製造作業が忙しくなると忘れてしまいがちです。しかし入力データが信用できなければ、コンピュータを使って管理すること自体が無意味なものになってしまいます。

　入力をし忘れたことを、誰からも指摘されない現場があります。そのような現場では、入力を忘れないように気をつけようという意識自体が薄れてしまいます。入力漏れは、データ分析をすればすぐ発覚します。生産管理部は製造現場で入力漏れが起きていないかを常にチェックし、入力漏れを見つけたらすぐに注意するようにしましょう。

3　「3-8」項で改めて紹介します。

こんな現場はダメだ ③

こんな現場はダメだ ④

1-5 在庫引当結果が信用できないので使わない

　生産管理システムを活用するためには、部品在庫や材料在庫の保管場所（倉庫）の管理を徹底して行うことが大事です。
　製品の製造に使う部品や材料は、コンピュータで管理するのが普通です。製品を製造する段階で、コンピュータが生産オーダーに使用する部材と在庫を引き当て、部材が揃っている確認が取れた時点で、部品や材料在庫に対する出庫指示と製造現場への製造指示を出します。

❦ 結局は現物確認しかないのか

　コンピュータ上の帳簿棚卸在庫と実際に倉庫などにある実地棚卸在庫がずれているときは、コンピュータ上で部材の在庫引当をしても現物がないことがあります。その場合は、製造現場に製造指示を出しても生産できません。これでは工場の生産活動は機能しませんので、こうした問題が起きないようにコンピュータ上の部材の棚卸在庫数量（帳簿在庫）と実地棚卸在庫数量を常に同じであるようにする必要があります。このために実施するのが実地棚卸作業です。次ページ下段に示すような表を用いて実地在庫量を確認します。
　帳簿在庫の数字と実地棚卸の数字が合わなくなる原因には、紛失や盗難、入出庫時の入力ミス、材料を必要以上に消費したことなどが挙げられます。帳簿数字と実棚数字との差があまりに大きいときは、実地棚卸作業を頻繁に行うことに加えて、差異の発生原因を徹底的に分析することが求められます。また、実地棚卸時に数え間違えるようなことも起こり得るため、それを防ぐ目的で実地棚卸を休日に行う工場もあります。
　筆者が出会った上場企業では、倉庫の入出庫処理をバーコードで管理していたにもかかわらず、数字が合わないということが起きていました。忙しくなると、出庫時のバーコード入力が忘れられることがあったのが理由のようです。
　この工場の生産が混乱しなかったのは、製造現場が生産管理システムの引当結果を信用していなかったためです。製造日の前の晩に担当者が使用部品を集めて回り、現物部品の存在が確認できたものしか製造しませんでした。
　欠品している部品は、部品会社に対して緊急督促指示が出ます。このやり方

引当処理とは

生産オーダーが使用する部品と在庫品を紐づけること

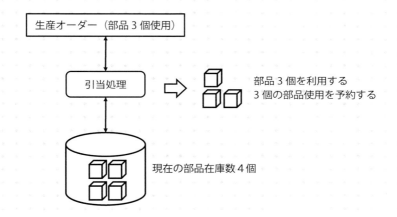

期末実地棚卸表

● 期末実地棚卸作業はこのような表を作成して実施する

部品コード	部品名	コンピュータ在庫数	実際の現物在庫数	在庫差異
00001	ABC-1	100	100	
00002	ABC-2	70	65	－5
00003	DEF	50	50	
00004	FGH-1	80	85	5
00005	FGH-2	120	110	－10
00006	FGH-3	30	30	

部品在庫金額は上記数量に部品単価を掛け合わせて算出する

だと、計画よりも納期は遅延しやすくなります。それは、現場の特急対応でカバーしていました。さらに、同社はコンピュータのリカバリー処理により、製品完成時に部品在庫はすべて消費されたことにしていました。これだと帳簿数字と実地棚卸数字はさらにずれ、引当結果はますます信用できなくなっていたのです。

🦋 引当処理のタイミング

在庫引当処理をすると、その在庫は倉庫に現物があっても、コンピュータ上では使用して残っていないことになります。生産管理部が通常管理する在庫は引当在庫で、実際に倉庫にある現物在庫ではありません。引当用の在庫数字と現物在庫数字とは差異が出るのが普通ですが、このことが理解されていない状態で棚卸修整されると、棚卸後の引当処理が機能しなくなることがあります。

また、コンピュータ上では特定取引先や特定オーダー向けの部品在庫を先行引当したにもかかわらず、倉庫で区別していないというようなことがあります。先行引当は重要顧客の納期を優先したり、他の部品の入荷が遅れているときに確保したりする場合に行われる処理ですが、現場への先行引当の伝達が十分でないと先行引当した意味がなくなり、別のオーダーのために使われることがあります。特別な引当処理をする場合は、先行引当した現物在庫の管理方法も考える必要があります。

🦋 入出庫指示と入出庫作業のずれ

在庫管理システムを運用する際には引当だけでなく、在庫の入出庫を指示するタイミングと在庫の入出庫作業をするタイミングがずれることにも注意すべきです。

たとえば夜間処理で部品出庫指示を出しているような場合や、ピッキング処理に時間がかかる場合です。こうした問題があるため、本来、在庫は3種類に分けて数量管理することが求められています。

○現物入出庫作業を即時に反映した在庫数字
○コンピュータ上での入出庫指示を反映した在庫数字
○在庫引当処理をするための管理用在庫数字

在庫が合わなくなる理由

- 盗難、紛失、無断廃棄などで実物がなくなる
- 入出庫時のデータ入力漏れや入力ミスがあった
- 指示したのとは違う品目や異なる量の在庫品を出庫した
- 在庫の単位変換（数量→重量など）の計算を間違った
- 余った在庫を倉庫に戻すのを忘れた
- コンピュータの処理ロジックに間違いがあった

在庫差異が大きい場合は頻繁に実地棚卸を行う必要がある

ある企業での棚卸に関する問題事例

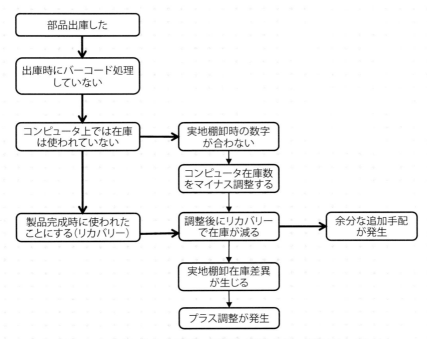

コンピュータのリカバリー処理が、棚卸数字が合わない原因となっていた

第1章 わが社の生産管理システムは本当に役に立っているか？　27

1-6 わが社には生産計画を作成する人がいない

生産管理システム活用の最大のターゲットは生産計画の策定作業です。

🦋 生産計画の策定目的

　生産計画策定の最大の目的は、企業が利用できる資金をコントロールすることです。生産活動に対して、投資した金額以上の金額で購入してもらえなければ資金は不足し、企業は倒産してしまいます。倒産を防ぐためには、少ない投資額で大きな利益が得られるように、生産活動をコントロールしなければなりません。これを担っているのが生産計画です。

　製造業者の投資対象には、部材の購入費用、工場や製造設備の調達費用、従業員の人件費などがあります。生産計画は、これらの投資対象物をどう組み合わせれば効率の良い生産活動が行えるかを決めます。

　この組合せを考える際に、時間という制限について考慮する必要があるのです。工場の製造設備が特定製品の製造活動だけに占有されると、その間は別の製品の製造はできなくなります。逆に製造設備は空いていても、手配した部品や材料が製造予定時間までに入手できなければ製造はできません。

　日本の製造現場には、計画は変化するものとの認識が蔓延しています。そのため計画策定よりも、計画変動が起きたときにどう追随するかの方が重視されてきました。生産管理自体も、「とりあえずオーダーを流しておき、後で進行状況に合わせて生産や調達の督促をする」という「進行管理型生産管理」で対処している工場が大半でした。こうした工場には、生産計画という概念すらないところもあります。

　製造能力不足が深刻化してくると、進行管理型生産管理だけで生産をコントロールすることが難しくなってきます。予想外の欠品や在庫が急増したり、予想外のコストが発生したりするなどの問題が発生するようになります。この問題発生を回避するためには、生産計画によって生産システム全体をコントロールすることが求められます。しかし実際には、いまだに各人の勘と経験で対処している企業の方が圧倒的に多いようです。

　製造業者の製品や部品の手配方法は、「見込み（計画）生産手配」「受注生産

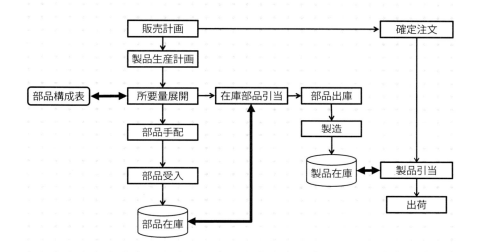

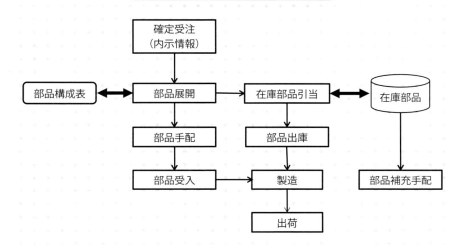

手配」「補充生産手配」に分けることができます。

❦ 見込み生産手配の計画ポイント

「見込み生産手配」とは、営業部門や生産管理部門があらかじめ手配が必要な在庫数量や生産数量を見込むことで、手配数量と手配時期を決める手配方法です。一般的には、販売予測や需要予測に基づいて必要な製品手配数量を見込みます。見込み生産手配は消費財メーカーや汎用製品、汎用部品を製造するメーカーでよく使われます。

見込み生産メーカーの生産計画では、営業部門がつくる販売計画との密接な連携が欠かせません。しかし連携が機能せず、互いに対する不信感だけが横行する企業は多く、欠品問題や過剰在庫問題が頻発しています。

❦ 受注生産手配の計画ポイント

「受注生産手配」とは、顧客や販売店からの注文や内示によって手配する方式です。原則は注文を受けてから生産するため、計画に基づく数量算出は付随的なものとなり、それほど重視されていません。生産計画の重点は、顧客要求納期にいかに合わせて生産するかにあります。標準的な生産時間が設定されている場合は、それを利用した生産スケジュールが策定され、生産指示が行われます。

受注生産の数量計画数字は顧客次第で変化するため、生産変動が激しいと工場の操業が安定しないことがあります。行き当たりばったりで操業調整がうまく機能していない工場は、十分な利益を得ることができないため、受注生産メーカーの生産計画ではこの点への対処が重要です。

❦ 補充生産手配の計画ポイント

「補充生産手配」とは、あらかじめ在庫しておいた製品や部品が、出庫されるタイミングに合わせて補充生産する形の手配方式です。補充生産手配の代表が、発注点管理とダブルビン管理です。どちらもあらかじめ設定した在庫量を切った時点で、補充手配されて在庫が補充されます。MRPやかんばんも補充手配の一種です。

補充生産品の生産計画では、品切れを起こさないようにするための安全在庫量の設定が重要です。安全在庫量が少ないと、補充生産はうまく機能しません。

補充生産手配と発注点

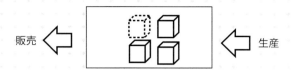

① 原則は販売したのと同じ数量を生産手配する
② 安全在庫を加味して補充することも多い
③ 補充手配には発注点やかんばんを使うこともある

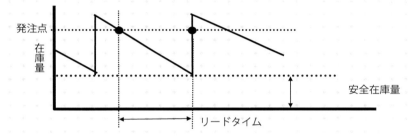

◆ 発注点＝単位期間の平均出庫量／日 × リードタイム（日）＋**安全在庫量**

ダブルビン方式

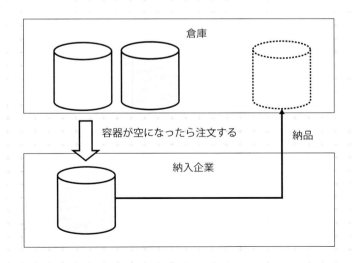

第 1 章　わが社の生産管理システムは本当に役に立っているか？　31

1-7 販売管理システムと同じ使い方しかしていない

　コンピュータを使った製造業者の基幹業務管理システムには、販売管理システムと生産管理システムの2種類があります。システムの性格面から見ると、両者には大きな違いがあります。システム関係者がこの違いに気づかずにシステム導入し、いざシステムを使う段になってトラブルの原因として浮上することがあります。

🦋 改善のタネになるかどうか

　販売管理システムと生産管理システムの違いですが、前者は業務処理をサポートするのが中心のシステムであるのに対し、後者は業務処理だけではなく業務改善効果創出のサポートも行います[4]。

　販売管理システムは、決められた業務処理作業（売上処理、出荷処理、会計処理など）を正確、かつ効率的に行うために情報を扱います。作業者は業務処理に必要な情報をコンピュータに入力し、現場はコンピュータから出力された指示内容に基づいて作業します。コンピュータの指示や集計が間違うと業務処理に支障を起こすため、正確なデータ入力と正確なコンピュータ処理が何よりも優先されます。

　販売管理はほとんどの会社にあるため、業務パッケージシステム化しやすい業務と思われています。ただし、取引先の要求が複雑化すると、パッケージの標準業務処理フローだけでは対応できないことがあります。海外製ERPパッケージがカスタマイズの山になりがちなのはこのせいです。

　一方、生産管理システムの役割は、業務処理の効率化だけではありません。生産性（付加価値）向上、リードタイムの短縮、在庫の削減、納期遵守などの業務改善効果の創出をサポートする役割も担っています。これらの業務改善効果は、単に作業指示伝票発行を効率化するだけでは得られません。

---

[4] 生産管理システムを生産伝票発行機としてしか使っていない状態だと、この違いははっきりと出てきません。

🦋 マスターの設定を甘く見るな

　適切な時期に、適切な量を生産するための計画策定や、計画に合わせた着実な業務遂行を支援することが求められます。その実現のためには管理担当者による的確なシステム運用と、システムを機能させるためのマスターデータの設定が重要です。

　商品マスターや取引先マスターなどの基礎情報のマスター設定は販売管理システムでも必要ですが、生産管理システムのマスターは、基礎情報が登録されているだけでは意味がありません。部品構成表（部品表）、工程表、リードタイム、ロットサイズ、製造能力、標準時間など効率的な手配計算をするためのマスター登録が必要です。

　ユーザーがマスター数値の設定をミスすると、システムは期待通りには動きません。マスター値の設定ミスが原因となって在庫の山になったり、納期遅れの山になったり、工程稼働がばらついたりするようなことが起こります。

　生産管理システムは、使う人がマスターに魂を入れないと役に立たないシステムと言えます。

販売管理システムと生産管理システムの違い

	販売管理システム	生産管理システム
システム利用目的	業務処理の効率化が主目的	左記に加えて、リードタイム短縮、在庫削減、納期遵守などの経営効果創出支援も重要
マスターの内容	取引先マスターと商品マスターが中心	左記に加えて部品マスター、工程マスター、部品表などの準備も必要（マスター点数が多い）
フィットギャップ	取引先との業務処理にギャップがあるパッケージは利用できない	左記に加えて、生産管理ロジックにギャップがあるパッケージも利用できない（＊）
システム設計	業務フロー分析が中心のため、設計者の業務知識が十分でなくてもシステム設計は可能	業務知識と生産管理ロジック知識がない設計者ではシステム設計はできない
エンドユーザー協力	業務フローと業務処理の確認が主体	エンドユーザーが主体で業務管理の設計やマスター設定をすることが求められる
プロトタイプ開発	有効	プロトタイプ開発だけでは不十分、導入後のPDCA改善が欠かせない

（＊）○○生産形態向けとか、導入実績○社というベンダーの宣伝に乗せられ、自社の生産とはロジックが合わないパッケージを導入して困っている会社が増えている

1-8 サバ読みが横行してシステムどころではない

　ここまでは、主にシステムの使い方の話をしてきました。本章の最後に、企業風土に絡む問題もつけ加えておきます。次ページ上段の表は、多くの製造業者が抱えている企業風土問題をまとめたものです。

🦋 欧米企業ならクビ

　みなさんの会社では、次ページに示す表のような問題は起きていないでしょうか。こうした問題を抱える企業が生産管理システムを活用しようとしても、十分な効果が得られる可能性は低いです。

　生産管理システムの利用時に特に障害となりやすいのが、担当者による「サバ読み」です。個人のサバ読みが横行している工場では、システムから出てくる数字を誰も信用しなくなります。

　たとえば、取引先が示した要求納期の数日前を納入日付として指示してくる営業担当者や、実際にでき上がる日の数日後を完成日として回答してくる工場関係者が目につく生産現場です。こうした現場では納期数字に対する疑心暗鬼の状態が蔓延し、システムからの指示を守るどころではなくなります。

　欧米企業では、現場担当者が勝手にサバを読むことはご法度です。そんなことをしたら即クビかもしれません。ところが、日本企業は違います。日本では、サバ読みができる人ほどリスク管理に長けた人材と見なされる傾向が強く、サバを読まない人は気が利かないというレッテルを貼られ、閑職に追いやられることさえ心配されます。

🦋 個人の問題にとどめるな

　しかし、個人のサバ読みが放置されたままの状態では、生産計画システムは機能しません。生産管理システムの有効活用のためには、個人によるサバ読みの一掃が求められます。

　サバ読み対策の第一歩は、個人個人のサバ読みを会社全体の共通問題に昇華させることです。会社共通の問題とすれば、関係部署が共同で対策案や業務運用ルールを策定することが可能となります。

製造業者が陥りやすい問題点

① 各業務部門が納期や価格などの設定に「サバを読む」ことで、業務混乱が増幅しやすい
② 先行手配部分の管理が軽視されやすく、過剰部品在庫や欠品問題が誘発されやすい
③ 基準となるマスターデータや業務マニュアルの作成とメンテナンスが滞り、現場調整作業が多発する
④ 顧客要求納期重視の裏で、作業改善や管理数字収集がおざなりにされやすい
⑤ 全体コントロールする部署や計画が機能せず、各人の経験に頼った業務管理となりやすい
⑥ 受注生産、顧客重視風土が強すぎると、自らで変革を起こそうという発想が生じにくい（うまくいかないのは顧客や受注生産のせい？）

◆ 上記の問題を放置したままでプロジェクトに取り組んでも、効果は生まれにくい
特にサバ読み体質を一掃しないと、効率的な生産を実現することは困難

サバ読みの例

営業部門のサバ読み	工場のサバ読み
● 取引先の要求納期よりも早めの納期を指示してくる	● 完成予定日を少し遅らせて営業に伝える
● 取引先の要求数よりも多めの数字を手配してくる	● 過度に製造能力が足りないと強調する
● 必要数量や必要在庫数を嵩上げして計画手配する	● 標準リードタイムをあえて長く設定する
● まだほとんど決まっていないのに先行手配を始める	● 本来の製造計画数よりも少ない計画数字を営業に伝える
● 取引先からの圧力を過度に強調する	● 営業担当者によって回答数字を変える
● 標準リードタイムの短縮をしつこく要求する	● 在庫があるのに「ない」と回答する
	● 安全在庫を想定以上に積み上げる

疑心暗鬼

column

隣の生産管理システムは青く見える

　第1章で紹介したさまざまな現場の実態話について、どのようにお感じでしょうか。また、みなさんの会社でもこうした事象は起きていませんか。世の中はIoT活用とかスマート工場とか騒いでいるのに、自分の会社はいつまでも旧態依然のままで、こんな工場で大丈夫なのかと思われている方も多いと思います。

　しかし、それほど心配することはありません。数々の工場を訪問してきた筆者の経験からも、生産管理システムが完璧に機能している工場はきわめて少数派です。大企業から中小企業、国内企業から外資系企業までどこの工場も正直言って似たり寄ったりで、冒頭で取り上げたような状態にあるところがほとんどです。

　たとえば工作機械メーカーのショールーム工場ですが、見学ラインを見ると自動化が非常に進み、素人目にはいかにも最先端工場に映ります。しかし、そうした最先端工場でもバックヤードに部品在庫が積み上がっていたり、納入業者が納入変動で四苦八苦したりしていることはよくあることです。

　どこの工場も、改革はこれからと考えてください。マスコミやシステム会社の宣伝、もしくはバズワード（流行用語）に惑わされる必要はありません。地道に泥臭く、改革成果を実現させていけばよいのです。

第2章

生産管理データで生産の実態を分析する

　工場の現状を把握するためのデータ分析方法について、詳しく紹介していきます。生産管理を的確に行うためには、生産管理システムを使って自社の生産状況を監視することが求められます。監視作業は数値データを分析した上で、現場関係者への業務ヒアリングにより実施します。ヒアリングだけだと、思い込みによるハロー効果の影響が心配されるため、必ず数字分析をしてからヒアリングを行うようにします。ただし、自社が使っている生産管理システムから、どこまでのデータが入手できるかは各社各様です。本章を参考に、自社で入手できるデータの洗い出しからまずは始めてください。

2-1 在庫の実態を把握したい

　在庫実態の適切な把握とコントロールは、生産管理システムの活用目的としてよく挙げられる項目です。

　工場が生産活動を行っている限り、在庫管理問題は常につきまといます。それは、在庫が生産活動と販売活動の納期（リードタイム）の差を調整する役割を担っているからです。たとえば、生産リードタイム以下での納品が必要な場合は、あらかじめつくっておいた在庫から納入せざるを得ません。そのため、ある程度の在庫の保有は不可欠です。

　工場で実態管理すべき主な在庫には「仕掛品在庫（滞留在庫）」「ロット在庫」「安全在庫」「過剰在庫」があります。

◆仕掛品在庫（滞留在庫）の実態

　「仕掛品在庫」とは、製品を生産している途中の在庫のことで、原則は製造リードタイム期間に比例して増減します。仕掛品在庫量が妥当かどうかは、当該製品の生産リードタイムが妥当かどうかと連携します。また「滞留在庫」とは、製造工程投入前や製造工程間に滞留している仕掛品在庫のことです。

　仕掛品在庫の実態を調べると、実際に製造工程で製造している途中の在庫よりも、工程間などに滞留する「滞留在庫」の方が多いのが普通です。工程間で滞留しているだけでなく、現場の判断で先行手配した部品が初工程の前に積み上がっている工場もあります。

　受注生産メーカーの仕掛品在庫保有日数が、製造リードタイム以上になっている場合は注意が必要です。次のような事象が起きている可能性があります。
　○生産途中で、仕様変更や設計変更が相次いで死蔵部品が溜まっている
　○現場判断で先行手配したり、ロット手配した仕掛部品が溜まっている
　○実際に部品を使う時期よりもかなり早い段階で仕掛部品を手配している

　この状態の工場では、製造工程の製造時間を短縮するだけでは仕掛品在庫は減りません。仕掛品在庫を減らすためには生産管理機能を見直したり、製造現場や工場内物流の改善活動を実施したりする必要があります。

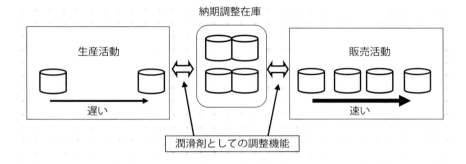

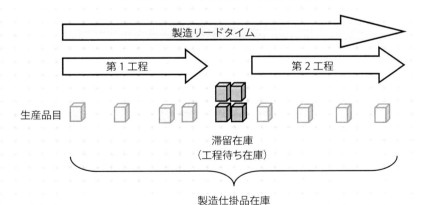

第 2 章　生産管理データで生産の実態を分析する　39

❦ ロット在庫の実態

「ロット在庫」とは、部品手配や製造作業をひとくくりのロット数量単位にまとめて行うことから生じる在庫のことです。ロット購入手配したが消費されずに残っている在庫と、製造に必要なロットが溜まるのを待っている2種類のロット在庫があります。

ロット在庫は、在庫増だけではなくリードタイムの増加要因にもなるため、ロットはできるだけ小さくすることが重要です。しかし、ロットを小さくすると、段取り替えが頻繁に発生したり、機械によっては稼働率が悪化したりする可能性があります。また、購入品の購入ロットを小さくすると、購入単価が高くなることも考えられます。

❦ 安全在庫の実態

「安全在庫」とは、需要や生産の変動が発生したときに欠品を起こさないようにするため、あらかじめ準備しておく在庫です。需要変動対応安全在庫は、需要のバラツキ（偏差）に合わせて計算で求めることができます。

需要変動ではなく機械故障や不良品発生、災害などの要因で欠品が発生した際、製造工程が止まらないようにするための安全在庫が生産変動対応安全在庫です。この安全在庫は、経営方針で在庫数量を決めるのが普通です。一般的には数量ではなく、何日分というように期間で設定します。

❦ 過剰在庫の実態

工場が問題視して削減に取り組むべき在庫が「過剰在庫」です。過剰在庫とは本来、必要とする量以上に抱え込んだ在庫のことで、工場では部品在庫が主ターゲットとなります。個別部品単位に在庫回転率（回転日数）の計算をすれば、どの在庫品が過剰かが明確につかめます。

一般的には、半年以上の回転日数状態の在庫品は過剰とされます。まったく動かない状態にある死蔵在庫に関しては、早期処分（売却や廃棄）が必要です。

過剰在庫は、手配時の判断ミスや手配ルールの変更が漏れていたなどの人間系のミスで起こりやすく、コンピュータを使っておかしな過剰在庫が発生していないかは常に監視するようにしましょう。

ロット在庫

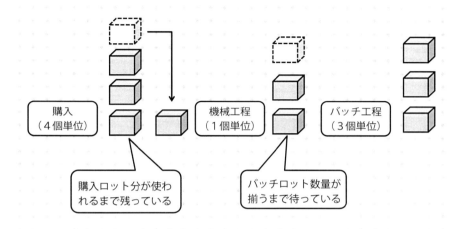

需要変動対応安全在庫（欠品を防ぐための在庫）

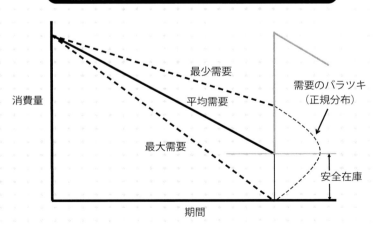

◆安全在庫量＝安全係数 ×$\sqrt{リードタイム}$ × 出荷量のバラツキ（標準偏差）
　安全係数：2.33（品切れ確率 1%），1.65（品切れ確率 5%）

2-2 「ほんま式在庫分析表」で過剰在庫を洗い出す

　必要のない在庫、すなわち「過剰在庫」はどうやって見つければいいのでしょうか。筆者は、在庫管理システムからデータを抽出してつくった「ほんま式在庫分析表」の利用を推奨しています。ほんま式在庫分析表では、現在保有している在庫品目を回転期間と在庫金額の両面から分類分けします。

🦋 品目・回転期間・金額をチェック

　通常の在庫分析では、在庫回転期間だけで過剰在庫を洗い出します。これだと、万を超える部品が過剰在庫として抽出される可能性が否めません。発生原因をすべて分析したのでは時間がかかるため、在庫金額の多いものに絞って原因究明します。いわゆる「パレートの法則（20％の品目が80％の量を示めるという考え方）」の応用です。

　在庫分析表の横系列では在庫（棚卸資産）回転期間の数字で分類分けし、縦系列では在庫金額で分類分けします。

　在庫回転期間の数字は、金額ベースの回転期間（保有月数＝在庫金額÷月次売上金額）ではなく、数量ベースで計算した回転期間（保有月数＝在庫数÷月次出荷数）を用います。

　表の縦系列の分類は、対象品目単位の在庫の合計金額です。左に行くほど、多額な在庫金額を抱えている在庫品目であることがわかります。

　表の横系列の分類は、各在庫品目の数量ベースでの回転期間を表しています。下に行くほど在庫回転期間が長くなり、必要数を超えた大量の在庫を抱えていることになります。∞とは、回転期間を計算した期間中に（通常は1〜2年のデータで計算）まったく出荷がなかった品目です。一般的に、死蔵品もしくは死蔵品予備軍と見なされる品目です。横系列分類を見れば、どの在庫品目が多すぎる状態にあるかがすぐにわかります。

　多すぎる在庫が発生した要因を明らかにするために、優先的に原因分析すべきターゲットは両者がともに悪い、表に○でくくった部分の品目です。代表的な過剰在庫の発生原因には次のようなものがあります。

ほんま式在庫分析表

◆ 在庫金額と数量の回転月数を表にして在庫の実態を分析する
◆ ○で囲んだ部分の余剰在庫の発生原因から重点的に分析する
◆ □で囲んだ在庫なしが多い場合は納期遅れが多発している可能性がある

			個別品目の在庫金額						全体	比率
			500万円以上	100～500万円	50～100万円	20～50万円	10～20万円	10万円未満		
	在庫なし(除く廃番)	品目数							78	10%
回転期間	1月未満	品目数	1	5	2	12	10	34	64	8%
		合計在庫金額	6,776	7,699	1,485	3,697	1,680	578	21,915	3%
	1～2カ月	品目数	2	11	8	8	8	16	53	7%
		合計在庫金額	17,279	25,780	5,551	3,278	1,156	365	53,409	8%
	2～3カ月	品目数		7	8	12	4	12	43	5%
		合計在庫金額		19,436	6,122	4,194	642	198	30,592	5%
	3～6カ月	品目数	5	28	12	19	6	20	90	11%
		合計在庫金額	33,452	70,004	8,334	6,730	899	506	119,925	18%
	6カ月～1年	品目数	3	21	7	20	11	23	85	11%
		合計在庫金額	17,749	42,225	5,076	7,271	1,570	300	74,191	11%
	1年～2年	品目数	4	22	10	8	5	22	71	9%
		合計在庫金額	27,916	49,244	7,350	2,446	835	250	88,041	13%
	2年以上	品目数	10	57	32	27	14	51	191	24%
		合計在庫金額	74,802	136,134	24,670	9,656	2,011	2,038	249,311	38%
	∞	品目数		6	6	7	2	104	125	16%
		合計在庫金額		9,604	3,714	2,041	315	1,016	16,690	3%
	全体	品目数	25	157	85	113	60	282	800	100%
		合計在庫金額	177,974	360,126	62,302	39,313	9,108	5,251	654,074	100%
	累計比率	品目数	3%	23%	33%	48%	55%	90%		
		合計在庫金額	27%	82%	92%	98%	99%	100%		

第2章 生産管理データで生産の実態を分析する

❦ 死蔵品や手配時の見込み違いに要注意

　死蔵品状態にある在庫とは、過去に行われた設計変更や生産停止、失注（内示や注文をキャンセルされること）などにより、すでに使われなくなった状態にある在庫品のことです。在庫分析表で∞の欄に分類されている品目は、保守用にあえて在庫している品目を除けば、大半が死蔵品であることが多いです。

　また、手配時の見込み違いによる在庫とは、計画品や先行手配品を手配するときに手配した量が消費されずに残った状態にある在庫品のことです。こうした在庫が多い企業では、計画方法や手配ルールがいい加減なまま放置されていることが多いようです。

❦ マスター数字の設定が見直されていない

　コンピュータは精度の高いマスターデータがないとうまく機能しません。在庫関連のマスターデータとしては、ロット数、リードタイム、安全在庫数、発注点数字などのデータがあります。マスターデータが更新されず、昔のままに放置されていることが過剰在庫を生み出す原因となっている場合があります。

　特にロット数には注意が必要です。手配品の調達ロットや生産ロットが大きいと、在庫は増えてしまいます。

　また、マスター上のリードタイム数字や安全在庫数、発注点数字が見直されずに残っていることもあります。たとえば、在庫品がほとんど出庫されなくなっているのに、昔の安全在庫数字が修整されずにそのまま残っているようなことです。発注点数字や安全在庫数字のマスターメンテナンス状況に関しては頻繁にチェックすべきです。

❦ コンピュータのロジックがおかしい

　需要予測計算などを用いた自動発注システムや高度な生産管理システムを利用している企業では、計算ロジックやマスター情報の定義ルールにミスがあって、在庫が必要以上に増えている可能性があります。

　このほか過剰在庫の発生原因を調べていくと、最後に突き当たるのがサバ読みなどの属人的な問題で、必要以上の在庫が手配される現象です。たとえば、大事な取引先などから営業部門に対して事前に用意して欲しいという依頼があったことなどを起因として、通常よりも大量に仕入れてしまったという話です。

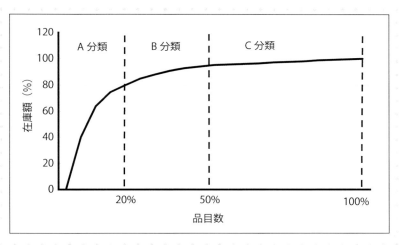

上位 20 品目が 80%の金額（量）を占めるという考え方で、「20 対 80 の法則」とも呼ばれる

過剰在庫の主な原因

○ 死蔵品状態（設計変更、生産停止、失注など）
○ 手配時の見込み違い
○ 最低ロットが大きすぎる
○ リードタイムが長い
○ 安全在庫数や発注点が高すぎる
○ コンピュータのロジックに問題がある
○ 売れると過信して手配した
○ その他

2-3 納期遅れを減らしたい

　2015年頃から、取引先に対する納期対応問題に追われている工場が増えているようです。実需としての増産要求に加え、納期遅れ対策として在庫品を先行手配したり、内示数字を積み上げたりしてくる取引先もあります。

　工場の生産能力を超える注文が相次ぎ、製造現場は納期遅れ対策や欠品対策でてんてこ舞い状態という工場も少なくありません。通常なら1カ月程度で手に入る部品が、半年以上前に確定注文を出さないと入手できないというようなことも起きています。

🦋 能力不足なのに動いていない設備がある？

　ひと昔前であれば、増産は現場の残業や下請会社の努力で何とかなりました。ところが最近は、労働基準局による残業規制の強化や配偶者パート賃金の上限問題などがあり、自社工場のみならず下請会社もなかなか増産できない状況にあります。人手不足を工作機械やロボットなどの製造機械の増設でカバーしようとしても、日本全体で機械要素部品が不足していることもあり、製造機械はいつ納品されるかわかりません。

　こうした状態にある工場からは、納期遅れを心配する悲鳴がよく聞かれます。ところが実際に工場を訪問すると、必ずしも各製造設備がフル稼働状態にあるようには見えない工場もあります。工場当事者たちは能力不足を主張しますが、工場内に動いていない機械が散見されるようなことは実はよくあります。真の原因は能力不足ではなく、生産管理システムが機能していないために予定通りの生産ができないという工場も多いようです。

　納期遅れが心配のあまり、購入先に提示する内示数字をわざと増やして伝達する工場も出ています。いくら内示数量を増やしても、購入先のどこかが対応できずに、部品が1つでも手に入らなければ製造できません。結局は内示の下振れが生じることになり、内示を信じて増産した購入先下請企業は在庫負担、納期調整、稼働調整に追われ、かえって納期遅れが起きやすくなるのです。

　最近、海外製のERP生産管理システムを導入した複数の部品加工工場で、納期問題が深刻化しているケースに遭遇しました。受注生産型の工場がERP

生産進捗実績収集システム

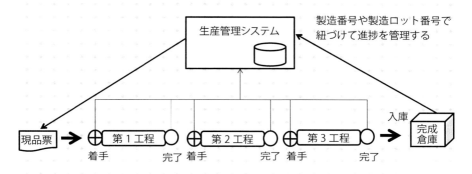

着手・完了データから上記のような表をつくる

工程	着手日時	完了日時
現品票発行		1月1日10時
第1工程	1月1日13時	1月10日17時
第2工程	1月20日15時	1月25日11時
第3工程	1月28日16時	1月30日16時
完成倉庫入庫		1月30日17時

主な現場収集データ

収集する実績データには、時刻を収集するケースと
時間を収集するケースがある

①時刻収集データの例
　○工程単位の着手、完了時刻（リードタイム）
　○機械単位の着手、完了時刻（稼働時間）
　○作業員の着手、完了時刻（作業時間）
②時間収集データの例
　○段取り替え時間（セットアップ時間）
　○実稼働時間
　○待機時間
　○休憩時間
　○非稼働時間
　○故障時間
　○手直し時間
　○その他

第2章　生産管理データで生産の実態を分析する

のベースとなっているMRP生産管理を利用しようとすると、現場での柔軟な生産ができなくなる可能性があり、納期問題が生じます[5]。特に、親会社による計画変更が日常茶飯事で起こる受注生産型の部品加工会社は、確定計画を前提としたMRPやERPの利用に注意すべきです。無理にERPを利用しようとして、生産現場が混乱することもあります。

　何億円、何十億円もの投資により導入したERPシステムの生産管理が機能していない実態は目を覆うばかりです。しかし、今さらシステムをつくり直すわけにもいきません。

　そうした工場では、混乱回避のための現場対応という言葉とともに、システムからの指示を無視して現場判断で製造手配されやすい傾向があります。それが生産の混乱を助長し、納期遅れを誘発することにつながっているようです。

🦋 現場に行かなくても納期や進捗の管理もできるようにする

　納期遅れ問題を解消するための基本は、現在の生産が正しい納期設定通りに生産されているかどうかの進捗監視です。いくらコンピュータで精緻な生産計画を作成しても、現場が生産計画通りに生産できていなければ、要求納期通りに完成するかどうかはわかりません。

　進捗監視を効率的に行うためには、コンピュータシステムの活用は必須です。製造現場にコンピュータ端末を設置したり、設備からデータを直接収集したりして実績データを収集することが行われます。

　こうした用途に用いる情報システムとして、「工程管理システム」「SFC（Shop Floor Control）」「MES」などが使われることも多いです。最近だと「IoT」が注目されています。

　ただし、いくら製造現場からタイムリーに進捗情報を収集しても、生産管理システム自体に十分な納期管理をする機能がないシステムもあります。予定納期に対して進捗が遅れているかどうかは確認できても、いつ完成するかまではすぐに把握できないというようなシステムです。

　納期遅れが起きているときに、いつ完成するか回答できないという状態では、納期管理としては非常に不満です。

5　第4章で改めて詳しく説明します。

トヨタ生産方式で使う生産実績管理表

時刻	生産計画数	生産実績数
10時	100	95
11時	100	100
12時	100	100
13時	0	
14時	100	95
15時	100	100
16時	100	100
17時	100	110
合計	700	700

製造現場にこのデータ画面を掲示している工場も多い

第 2 章　生産管理データで生産の実態を分析する

2-4 「リードタイム分布分析表」で異常な生産オーダーを見つける

　リードタイム短縮や納期遅れ問題解決のためには次ページ上段に示す「リードタイム分布分析表」の利用が有効です。リードタイム分布分析表とは、各製造工程で製造された製品の製造実績日を集計して、全体リードタイムや各工程での滞留状況を把握するために使う表のことです。

　工程管理システムの中にはこの分析表を自動で作成してくれるものがあり、システムで表示出力できる場合はその表を利用します。ただし、各工程での正味製造時間は計算しても、工程間滞留時間までは計算してくれないシステムもあるため注意しましょう。

　製造リードタイムや滞留時間がばらついていたり、必要以上に長くなっていたりする場合は、製造現場に何らかの問題が発生していることが考えられます。たとえば製造現場が指示通りに製造していないとか、製造能力が不足して工程待ち状態になっているなどです。問題の発生原因を究明するためには、問題数字が出たオーダーごとに、なぜそのようなリードタイム数値が発生しているかの原因をつぶすことが必要です。実際の工場でリードタイム分布分析を行った結果、見つかった問題をいくつか紹介します。

🦋 半年以上も滞留している!?

　A社では、半年以上滞留しているオーダーが複数見つかりました。しかし、そのオーダーができなかったからといって、納期遅れになっている話は出てきません。滞留原因を調べたところ、滞留場所で同じ製品の後続のオーダーと、順序が入れ替わって製造されたことがわかりました。今後は、製造現場での先入れ先出し生産と入力ミス対策を徹底することになりました。

🦋 かんばんラインなのに仕掛品が増えている

　B社では一部の製造ラインをかんばん化し、製造工程の整流化を目指しました。ところが、このラインの滞留分析をしたところ、最初のストアに滞留が集中していることがわかりました。かんばんを動かすために初期工程の生産量を無理に増やし、ストア在庫が切れないようにしたためです。これでは、何のた

リードタイム分布分析表

ロット番号	第1工程 着手	第1工程 完了	滞留	第2工程 着手	第2工程 完了	滞留	第3工程 着手	第3工程 完了	全体日数
0001	3月1日	3月2日	3日間	3月5日	3月7日	3日間	3月10日	3月11日	10日間
0002	3月2日	3月3日	7日間	3月10日	3月12日	9日間	3月21日	3月22日	20日間
0003	3月15日	3月16日	1日間	3月17日	3月19日	1日間	3月20日	3月21日	6日間

全体リードタイム：最大20日間、最小（特急対応）6日間、平均12日間
最大工程製造時間：2日間、最大工程間滞留時間：9日間

ペギング（オーダー紐づけ機能）が弱いMRPを利用している工場は
こうしたリードタイム分布分析ができないことがある

リードタイム分布分析の着眼点

1. 実績リードタイムの分布を調べ、標準リードタイムと比較する
    - 平均値、中間値、最大値、最小値、最頻値、期待値など
2. 異常なリードタイムを示した製品、オーダーの原因を調べる
    - 通常1カ月のリードタイム製品が3カ月以上かかったなど
3. 異常な滞留を起こしている工程やオーダーを洗い出す
    - 前工程完了から後工程着手まで10日以上など

めにかんばん方式を採用したかわかりません。この問題は、内示数字と確定受注数字に差のある取引先相手の製品で特に問題となりやすく、そのような製品でかんばんを使う場合には留意すべきです。

🦋 ある工程の前だけ滞留が増えている

　C社ではある工程の間だけ、長期滞留品が異常に増えていることがわかりました。滞留原因を調べたところ、納期遅れを心配した生産管理担当者が先行でオーダーを投入したために、ネック（制約）工程で詰まっていることが判明したのです。この状態を放置していると、本当に必要な製品の製造ができなくなり、納期遅れの悪循環から抜け出せません。そこでC社では、ネック（制約）工程の能力に合わせて初工程投入する仕組みに変更しました。

🦋 外注工程でリードタイムが長くなっている

　日本の大手企業の工場には、外注会社は指定納期を守るものという過去の常識で運用しているところが多数あります。そうした工場では、外注工程の納期管理が甘くなりがちです。

　外注工程のリードタイムが長くなっている場合は、当該外注会社が人手不足状態にあるか、自社以外の取引先向けの製造品が急増していることなども考えられます。現場に直接訪問しないとわからないことも多く、リードタイム分布分析表で少しでもおかしな兆候が見つかったら、外注先を直接訪問して実態を確かめるようにしましょう。

　MRP方式に代表される部品補充生産方式を使っている工場では、リードタイム分布分析表を簡単に作成することができません。各補充工程の製造リードタイムが計画リードタイム通りに製造できている場合はまだしも、ひとたび遅れが発生すると最終的にどの程度のリードタイムで生産できるかがわからなくなることがあります。

　最近、生産量が急増している製品の工場で、この問題に悩まされている現場が増えています。従来は製造ロット番号管理や製番管理[6]で運用してきたのに、MRP生産管理に変えたことで急にこの問題に直面した工場もありますので注意しましょう。

6　製造ロット番号管理と製造番号管理（製番管理）は違います。詳しくは巻末の用語説明でご確認ください。

リードタイム分布分析による改善検討

- なぜ、リードタイムは大きくばらついているのか？
- 工程間滞留は何が原因で発生しているのか？
- 現場への生産指示はどのような形で行われているのか？
- 現場での順番入れ替えは起きていないのか？

システムの問題か、運用の問題かで改善ポイントは変わる

リードタイム分布分析で見つかった問題事例（参考）

- 実績データの入力漏れやミスが放置されていた
- 別のオーダー番号の伝票を先に処理していた
- 製造指示書が放置され、忘れられていた
- 現場が製造指示を無視して勝手に製造順を変更していた
- 不良品、製造停止品などの処理が適切に行われていなかった
- 納期遅れ対策のための先行投入品が途中で滞留していた
- 内示と確定の差が大きく、先行手配した内示品が滞留していた
- 特定工程の能力が不足していたが、今まで気づかなかった
- 特急品優先が増えすぎて、通常品が後回しになっていた
- 複数工程の同期対策が不十分であった
- 補充生産手配がうまく機能せず、欠品が多発していた
- 外注会社や部品会社の納期遅れが急に増えた

第 2 章　生産管理データで生産の実態を分析する　　53

2-5 「流動数曲線グラフ」で進捗と仕掛在庫を見える化する

　製造番号や製造ロット番号追跡ができないため、リードタイム分析ができない工場に対して推奨しているのが、「流動数曲線グラフ」を使って生産進捗を見える化するアプローチです。流動数曲線グラフは、生産実績（個数、重量、金額）などの期間累積数字をグラフ化したもので、戦前の中島飛行機がゼロ戦を素早く生産するために開発した進捗管理手法と言われています。

　流動数曲線管理は、追番管理とも呼ばれます。特に、繰り返し型の大量生産品の生産管理に適した管理手法であることが知られています。MRP生産管理システムが苦手とする加工型工場の進捗管理、仕掛品在庫管理、納期管理に効果を発揮します。

🦋 流動数曲線グラフの使い方

　流動数曲線グラフを使うと、「進捗状況」「リードタイム」「仕掛品在庫量」「納期遅れ」「完了時期」「工程能力不足」「工程バランスのずれ」などがひと目で把握できます。

　標準リードタイム、標準時間、工程能力などが明確でないと使いにくいスケジューリングシステム（スケジューラー）とは異なり、これらの数字が不明確な製品や工程でも完成予定時期（納期）を簡単に確認することができます。流動数曲線グラフはExcelに生産実績データを取り込むだけで作成でき、生産管理システム自体をつくり直す必要はありません。既存の生産管理システムを用い、納期遅れや仕掛品在庫対策をしようとしてうまくいかない工場にとっては、救いの神となる生産管理手法です。

　流動数曲線グラフでは、生産実績の累積数字をグラフにして見える化します。グラフに用いる累積生産数字は個別品目単位の累積生産数でもよく、対象生産ラインを流れる製造品全体の累積生産数でも構いません。累積生産数は、一般的な生産管理システムからも容易に入手することができます。その生産数を流動数曲線グラフ化するだけで、進捗情報を簡単に確認することが可能です。

流動数曲線グラフによる進捗管理

工場の生産計画数字、生産実績数字などを使って流動数曲線グラフをつくることで、工場の処理能力状況、リードタイム、仕掛品在庫量、納期遅れ、納期回答などを管理できる

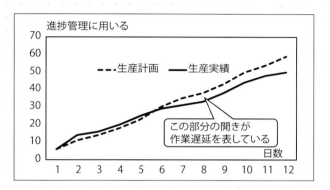

流動数曲線を使いこなす①

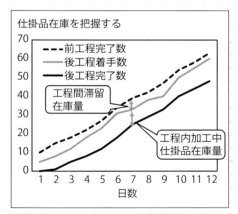

両線の縦の間隔が在庫量
滞留在庫の増加には要注意

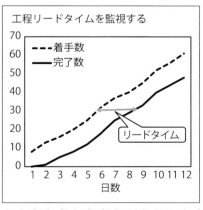

両線の横の間隔がリードタイム
間隔が広がり始めたら納期遅れが心配

第2章 生産管理データで生産の実態を分析する

🦋 進捗の仕掛品在庫・リードタイムの把握

　流動数曲線グラフに累積生産計画線と累積生産実績線を並べることで、生産計画に対する実際の進捗状況の確認が容易にできます。また、計画生産量に対して実際の生産実績数が伸び悩んでいることの把握にも使えます。このグラフを現場に表示している工場はよくあります。

　流動数曲線グラフに表示した累積生産着手数（もしくは前工程完了数）と、累積生産完了数の線の縦間隔が仕掛品在庫量を表します。両者の間隔が広がっていると、仕掛品在庫が溜まっていることを示しています。この間隔を監視することで、各工程内の仕掛品在庫および工程間に滞留している仕掛品在庫（滞留在庫）の増減を容易に把握できます。

　同じ流動数曲線グラフの累積生産着手数と累積生産完了数の線の横間隔がリードタイムを表します。手配オーダーが溜まってくると両者の間隔が広くなり、リードタイムは長くなります。この着手完了グラフを表示している工場は少ないですが、実際に役に立つのはこのグラフの方です。

　また、着手時の受注数累計を横に伸ばして、生産能力数累計と重なった場所が当該製品の完成予定日です。この機能を使うことで、営業が望む完成予定納期の回答を簡単に導き出すことができます。

🦋 工程バランスの管理

　流動数曲線グラフの累積完了線の傾きが生産工程の処理能力を示します。この傾きがなだらかだと、当該工程の処理能力不足が疑われます。各工程の累積完了線の傾きに差がある場合は、工程バランスがとれていないことを表しています。

　流動数曲線グラフをつくることで、従来の生産管理システムの弱点を補うことが可能です。納期管理に困っている下請部品加工工場は、流動数曲線グラフをつくって現状を見える化することを推奨します。

　すでに何らかの生産管理システムを使っている繰り返し型の部品メーカーが、グラフをつくることはそれほど難しくありません。既存の生産管理システムの生産実績データを取り出し、累積管理すればつくれます。簡易的に行うのであれば、各工程の着手数量データや完了数量データをExcelに転記して、集計グラフをつくることでも可能です。

流動数曲線を使いこなす②

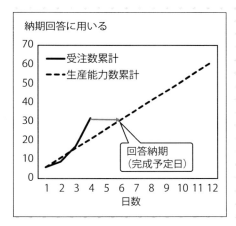

スケジューラーを導入しなくても、このグラフを使うだけで納期回答が可能

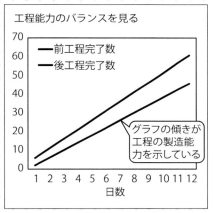

能力差があると両線の傾きが異なるため制約工程の発見に使える

流動数曲線グラフをつくるには

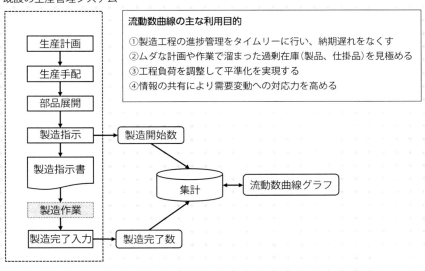

流動数曲線の主な利用目的
① 製造工程の進捗管理をタイムリーに行い、納期遅れをなくす
② ムダな計画や作業で溜まった過剰在庫(製品、仕掛品)を見極める
③ 工程負荷を調整して平準化を実現する
④ 情報の共有により需要変動への対応力を高める

2-6 製造時間データを用いて工程稼働分析をする

　能力不足に伴う納期遅れが多発している工場ほど、工程負荷状況をタイムリーに確認したいというニーズを強く持っています。そのような工場に、スケジューラーや負荷山積みソフトを使えば簡単に確認できる、と思われている方がよくいます。

　しかし、実際にはそんなに簡単にいきません。なぜなら、負荷山積みに使う製品単位の製造時間データの精度が十分ではない工場が圧倒的に多いからです。精度が不十分な状態で負荷を山積みしても、本当に能力オーバー状態にあるかどうかはわかりません。したがって、いきなり負荷の山積みをするのではなく、まずは各製品の製造時間の精度を高め、それからトライすることが求められます。以下に主な製造時間の把握方法を紹介します。

🦋 工程の着手と完了時刻の差から計算する

　最もベーシックな製造時間の把握方法は、作業端末を使って作業着手時刻と作業完了時刻を入力することです。対象製品オーダーの各製造工程での着手時刻と完了時刻の差をとることで、製造時間を計算することができます[7]。

　ただしこの方法で得られた製造時間では、精度的に十分ではないケースも多いため注意しましょう。入力に手間がかかる上に、入力ミスが起きやすいことが理由です。製造現場での入力作業は想定以上に難しく、いくら注意しても入力を忘れる作業者が出ます。しかし、ワークと指示書の処理が同期しているか、もしくは現場が着手や完了時刻を正しく入力しているかどうかを常にチェックすることは大変です。

　バーコードリーダーなどで指示書の製造番号のバーコードを入力している製造現場もありますが、指示書の枚数が多くなりすぎて入力が間に合わないとか、指示書を現場が紛失することが見られます。塗装工程やめっき工程などのように、製造物（ワーク）と指示書を一緒に扱いにくい工程もあります。

　この方法で得られる製造時間は目安のようなもののため、実際にこの方法を

---

[7] 製造時間だけではなく、滞留時間の把握も重要です。

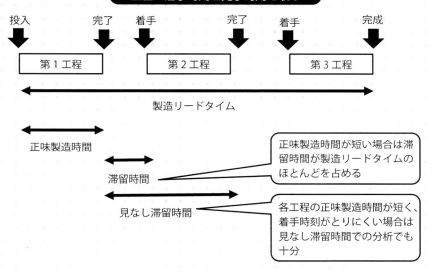

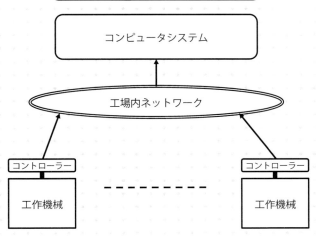

採用する工場は少ないようです。最近はRFIDタグなどを用い、自動で製造物（ワーク）や製造物を動かす搬送用具の動きを監視するシステムも登場していますが、大掛かりな間接設備投資が必要なため二の足を踏む工場も多いです。

❦ 工程標準製造時間を用いる

　大企業では標準原価計算などに用いるため、製造標準時間を設定しているところがあります。この時間を用いて負荷の山積みをする工場もあります。ただし、標準時間が長い間見直しされていないとか、実際の製造時間とは差異がかなりある工場もあり、その点への注意が不可欠です。

　工作機械の中には、コントローラーで実際に機械が動いている時間を記録しているものがあります。その時間を利用できれば、製造時間の精度は上がります。

　単純な方法は作業員が時間を転記して集計する形ですが、最近はPLCやNC制御装置、各種センサーなどをネットワークで結び、製造時間、準備時間、非稼働時間などのデータを集中管理する仕組みを構築する工場も増えています。この仕組みをIoT（Internet of Things）[8]と称している工場もありますが、工場内の場合はインターネット回線は使いませんので厳密にはIoTではなく、M2M（Machine to Machine）と呼ぶのが正しい使い方です。

❦ 設定標準時間を現場で修整してもらう

　溶接工程、塗装工程、組立工程のような人手作業が中心の工程の場合は機械加工と違い、機械から直接製造時間を取り込むことはできません。

　こうした工場では、設計（見積）部門が見積積算のために用いる製造作業工数を使うという手もあります。ただし、設計（見積）部門の工数見積りが実際の製造作業工数と一致するとは限りません。特に製造工場と設計部門が離れているような場合は、両者の見解がずれることも多々あります。

　この数字を使う場合は、設計（見積）部門が見積った作業工数を製造部門がチェックすることが大切です。たとえば、現場に渡す設計図やコンピュータから出力される製造指示書に、設計部門が見積った作業工数を印字して、製造現場に毎回チェックしてもらうようなことが考えられます。

---

[8] M2Mの考え方は20年以上前からあり、「なぜ、今さらIoTなのか」と疑問に思っている工場関係者も多いです。

IoTのイメージ

IoTとは、さまざまな「モノ」がインターネットに接続され、相互に情報伝達して制御し合う仕組みの総称。ネットを介して機械と機械を結び、監視したりコントロールするの仕組みを特にM2Mと呼ぶ

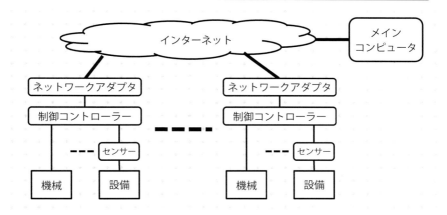

設定標準時間を修整してもらう

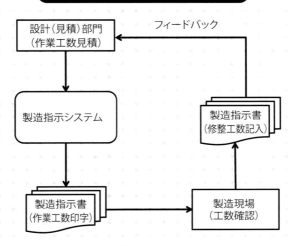

設計（見積）部門の積算内容を製造部門がチェックする仕組みをつくる

第2章　生産管理データで生産の実態を分析する　　61

column

スーパーマーケット方式への誤解

　TPS（トヨタ生産方式）で用いられるかんばんシステムは、「売れたモノをつくる仕組み」と表現されることがよくあります。これはトヨタの大野耐一氏が、米国のスーパーマーケットからヒントを得てかんばんシステムを思いついた逸話から来ています。ところが「売れたモノをつくる」を、「注文を受けてつくる」と短絡的にとらえることで、かんばんシステムを受注生産を極めるための仕組みと説明するTPSコンサルタントがいます。

　かんばんシステム（スーパーマーケット方式）は、受注生産のための仕組みではありません。そもそもスーパーマーケットはあらかじめ計画的に用意した店頭在庫を販売する場所であって、受注生産を受付する窓口ではありません。かんばんは店頭在庫に対する補充の仕組みをヒントに考えられたものですが、スーパーマーケットの店頭在庫量は計画的に管理されていますので、売れたモノがそのまま手配されるとは限りません。

　計画補充手配を考慮せずに受注生産企業がかんばんを使おうとすると、受注変動によってうまく回らない恐れがあります。

　ところで、日産自動車は「同期生産」を旗印にしています。この「同期生産」は市場に対する限りなき同期を意味しますが、これはまさに受注生産の発想と言えます。受注生産の本家はトヨタではなく日産です。

第 **3** 章

生産管理システムは何を変えるか？

　製造業においては、単なる現場作業の効率化だけではなく、経営管理視点から見た生産管理システムの運用モデルの確立が求められています。しかし、大半の工場の生産管理システムはそのような状況にはなっていません。何となくシステムベンダーの言われるままにシステムを導入しただけで、十分に活用できていない工場が圧倒的多数を占めています。本章は生産管理システムを活用することで、本来はどのような経営管理効果が得られるかについて整理しました。生産管理システムの活用目的を検討する際の切り口として参考にしてください。

3-1 生産管理システムの活用目的を共有しているか

　生産管理業務を手作業だけで実施することは難しく、ほとんどの工場で何らかの生産管理システムを導入しています。しかし、各企業が正しくコンピュータシステムを駆使して「生産管理」を適切に実施しているかというと、そうとは言えない企業の方が多いようです。

　第1章で紹介したように、単なる「生産伝票発行機」としてだけ運用している工場も数多くあります。生産指示伝票や注文書はコンピュータから出力されているものの、コンピュータが自動で作成する管理用データの表示画面や管理帳表は社内で誰も見ていないという工場です。

　この状態の生産管理システムは、宝の持ち腐れと言っても過言ではありません。おそらく導入検討段階で活用目的を明確にせずに、パッケージベンダーに言われるままにシステム構築したことが理由と推測されます。

❀ 生産管理システムを活用する

　生産管理システムを活用すると、どのような管理効果が得られるでしょうか。最も一般的なものは、納期（リードタイム）管理や在庫管理の精度が向上することです。製造業では、製品を製造するのにある程度の時間（製造リードタイム）がかかります。また、製品の構成部品を手配するのにもある程度の時間（調達リードタイム）が必要です。

　顧客が必要とする時期（納期）に製品を納入するためには、全体生産期間（生産リードタイム）の調整や短納期要求に対応するための在庫の調整が必要です。

　生産管理システムを使って生産リードタイムや在庫の調整を行い、顧客要求に応える。これが生産管理システムの第一の役割です。納期遅れが常態化している工場では、計画通りの生産リードタイムで製造ができているか、あるいは十分な納期対応在庫があるかというような監視も重要です。

　ただし、いくら顧客の要求納期遵守が第一だからと言って、闇雲に製造しただけでは生産業務全体にムダがあふれ、企業として儲けることはできません。無理な生産指示の乱発により製造工程の稼働率がばらついたり、仕掛品在庫や

生産管理システムを導入してみた

- 以前に比べて余分な作業が増えている気がする
- いらない在庫が増えたり、欠品が増えている気がする
- いろいろな管理数字は出てくるが、どうやって見たらいいのかわからない？
- 従来のような自由な業務運営ができなくなった

- ◆ 生産管理システムの導入効果を明示できない
- ◆ 生産管理システムの運用自体が大きな手間とムダを生んでいる
- ◆ システムベンダーに活用方法を聞いても教えてもらえない
- ◆ 昔のシステムの方が費用も安く、かつ機能も使いやすかった

生産管理システムは生産伝票発行にしか使っていない

製造業者での生産管理システム活用目的例

1. **納期（リードタイム）・在庫管理の強化**
   ① 製造工程の進捗管理をタイムリーに行い、納期遅れをなくす
   ② ムダな計画や作業で溜まった過剰在庫を削減する
2. **間接要員の事務工数を減らす**
   ① 手作業、二重入力、転記、エクセル過剰利用などを削減する
3. **スループットを増やして利益を確保する**
   ① 工程負荷を調整してスループットを創出する
   ② 安易な外注会社利用を抑制する
   ③ 情報共有により需要変動への対応力を高める

滞留在庫が急増したりしては、当該企業は資金不足状態に陥って経営そのものが成り立たなくなります。

そのため生産管理システムには、各製造工程の稼働管理や仕掛品の進捗状況管理、さらには仕掛品在庫量（滞留在庫量）の管理などが求められます。これらの管理を効率良く行うことが生産管理システムの第二の役割です。

❀ なぜ生産管理システムが現場から嫌がられるか

ここで、注意してほしいことがあります。生産管理システムの利用を嫌がる工場現場がかなりあることです。特に、後述するMRP生産管理システムを利用している工場でその傾向が強く表れます。なぜなら、MRPシステムは変更管理を苦手としているからです。MRPは少しでも計画内容に変更が生じると、進捗管理が十分に行えなくなる可能性があり、現場や生産管理担当者への負担が増します。

一般的にはコンピュータで管理するよりも、現場の熟練作業者が自身の過去経験で対応した方が、製造現場の変更による混乱を抑制できることが多いこともこの問題を加速させています。

この変更対応力に問題があることが、コンピュータによる生産管理の限界として指摘されることも多く、「当社の生産管理システムは役に立たない」という否定的な意見につながりやすいようです。結果的に多くの工場の生産管理システムは、部品展開計算や生産伝票発行など一部の生産管理機能の利用に限定され（生産伝票発行機状態）、実際の現場運用は現場任せとなっています。

効果的な生産管理を実現するための方法としては、必ずしも新しい生産管理システムを導入することだけが解決策とは言えません。このことにも留意する必要があります。たとえば、属人的な問題を放置したままで新しいシステムをつくっても、効果は出てきません。いくら魅力的な活用目的を設定しても、期待外れに終わるだけです。

生産管理システムは、現場要員の協力が得られないと十分な効果が発揮できないことを、肝に銘じておく必要があります。そのためにも、現場に対する生産管理システム活用目的の説明は非常に重要です。本章では生産管理システム活用のポイントについて順次解説していきます。

生産管理システムはなぜ現場に嫌がられるのか

- 何らかの変更が生じたときにすぐに対応しにくい
- 人手と違ってトラブルのリカバリーが柔軟にはできない
- コンピュータでつくった製造計画はリードタイムが長すぎる(「5-4」項参照)
- 特急対応は手で行った方が管理しやすい
- 実績入力が煩わしい(「6-7」項参照)
- マスターの設定や保守が面倒くさい
- システムがなくても製造できる

➡ コンピュータを使うよりも人間が処理した方が柔軟に対応できる

生産管理システム活用に向けて重視すべき事項

- 時代の変化により、今まで通りの生産では済まされなくなったことを周知徹底する
- 工場要員に工場の実状と改革方針を説明し、協力を求める
- すべてをシステムに頼るのではなく、人間による解決も十分に検討する
- 自社や取引先は特殊だという思い込みを、いったんゼロクリアして検討する
- 最新のツールや手法に安易に飛びつかない
- 制約工程対策などの基本アプローチから改善検討する
- 現状の工場の生産状況をできるだけ数値化する
- プロジェクト改善目標はできるだけ数値化して共有する
- 自分たちだけでできない場合はコンサルタントの協力を仰ぐ
- コンサルタントが入ったからといってコンサルタント任せにはしない

3-2 システム化で事務工数は減っているか

　生産管理システムの活用目的として最も一般的なのは、工場の間接要員（スタッフ）の事務工数削減です。

　工場が製品を生産するためには、さまざまな準備作業や後処理作業が必要です。そうした作業を行う間接要員（スタッフ）の事務工数を削減できれば、事務経費の増加を抑制することができます。また、今まで単純作業に従事してきた人間を、新商品企画のようなより戦略的な業務に異動させることも可能となります。これは一種の「働き方改革」ですが、それを実現するためには、現行の事務処理を効率的なものに変えていかなければなりません。

❦ 部品構成表を用いた部品展開計算をしてくれる

　生産管理領域で最初にターゲットにすべき事務処理が、製品に組み込まれる部品の数量を算出する部品展開計算です。単純な構造の製品であれば、部品点数はそれほど多くはありませんが、複雑な製品だと何百、何千という部品点数になります。こうした部品を的確に調達できないと、製品の生産はできません。

　工場スタッフには、製品の生産に必要な部品の所要量リストを、タイムリーに作成することが求められます。このリストの作成に必要な処理が部品展開計算です。

　部品展開計算を行うには、事前に部品構成表（BOM：Bill Of Materials）を作成し、システムに登録しておきます。個別受注生産型企業では、部品構成表の作成作業のために多大な工数がとられるため、設計部門にPDM[9]もしくはPLM[10]と呼ばれる技術情報管理システムを入れて、部品構成表作成を効率化させる企業も増えています。

❦ 作業指示書や現品票を発行してくれる

　生産管理システムによる事務工数削減として次のターゲットになるのが、生産に用いる伝票の作成（データ入力）と印刷作業です。代表的な生産伝票に

9　Product Data Management：（設計情報を中心とする）製品データ管理のこと。
10　Product Lifecycle Management：製品ライフサイクル管理のこと。

間接要員が行っている主な事務作業

- ◆ 注文データの入力、EDI データの取り込み処理
- ◆ 部品構成表（BOM）作成と作業指示書、注文書、現品票などの発行
- ◆ 部品展開計算
- ◆ 納品物の受領や検収処理、請求金額との突合せ
- ◆ 出荷伝票、出荷ラベル、出荷書類、貿易書類、請求書などの作成
- ◆ 検査資料の作成や検査データの集計
- ◆ 在庫品の管理、棚卸処理
- ◆ 現場工数データ、勤怠データ、設備稼働データなどの収集、集計
- ◆ 経営者報告や会議資料の作成（データ集計、分析）

部品構成表（BOM）

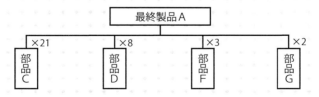

構成部品の総量を示すのみ
部品間の関係、階層構造は示されない

この形式の部品表をサマリー型部品表という
階層構造を加えた部品構成表をストラクチャー型部品表という（「4-1」項）

は、部品業者に部品を発注する注文書、製造工程に製造指示を出すための製造指示書（現品票）、製品倉庫や部品倉庫に出庫指示を出すための出庫指示書、製品に添付する納品書などがあります。こうした伝票を手書きで作成していたのでは、事務要員は大忙しです。システムから自動で発行できれば、事務工数を大きく削減できます。

伝票がらみの事務処理の中で意外にシステム化が遅れているのが、取引先の中小下請会社との伝票やりとりです。EDI（電子データ交換）による注文なども広まっていますが、いまだに電話やFAXが主体の業界もあります。また、中堅規模以下の企業では、出荷品と請求データや入金データの突合せに手間がかかって困っている企業も多いようです。

生産伝票とは別に、製造予定表などをExcelで個別につくって運用している工場もあります。こうした工場では、製造予定表作成のための事務工数が増えていることが問題になっています。

🦋 納期を追いかける

工場の事務スタッフ、特に生産管理部や購買部の人たちに負担となっている事務処理が、納期や進捗の確認作業です。発注納期通りに部品が調達できるかを確認したり、納期変更が起きたときに調整作業を行ったりする作業に追われる担当者も多いと聞きます。その代表が、第1章で紹介した「工程追っかけマン」です。進捗確認作業を生産管理システムを使うことで効率化できれば、事務処理工数の大幅削減が期待できます。

🦋 管理資料を作成する

工場スタッフの事務作業としては、業務管理資料の作成工数も軽視できません。生産計画作成など自部門の業務効率化を図る資料作成作業のみならず、原価情報や品質情報、経営管理資料など多くの資料作成工数が問題となっています。大企業になればなるほど、こうした工数は増えています。

システムベンダーはシステム化により、こうした管理資料が自動で作成できると提案してきますが、実際にはExcelにデータを移して清書化したり見やすくしたりすることで、かえって担当者の事務工数が増えた企業も多いようです。この問題への対策としてRPA（ソフトウェアロボット）が注目されていますが、いきなりRPAに逃げるのは尚早です。生産管理システムの活用検討に合わせ、不要な管理資料を整理し直して極力減らすことが必要です。

事務工数削減の着眼点

- ■ 手作業による作業
- ■ 二重入力
- ■ 転記作業
- ■ エクセル作業のやりすぎ
- ■ 現場や現物の確認

> コンピュータを活用することでできるだけ減らす

生産管理システム活用で削減が期待できる事務作業

①注文書や製造指示伝票を発行する
②EDIデータを自動でコンピュータに取り込む
③現場に行かずに画面で納期、進捗、在庫を把握する
④生産計画表の作成を効率化できる
⑤収集データを使って管理資料を作成する

注）⑤のためにかえって事務工数が増えている現場もある

3-3 生産リードタイムは短くなったか

　製造業者では、手配してから届くまでの期間を「リードタイム」と呼んでいます。リードタイムは生産管理システムの重点管理項目です。「リードタイム」にはいくつかの種類がありますが、生産管理面でポイントとなるリードタイムは「生産リードタイム」です。

　「生産リードタイム」とは、実際にモノを生産するのに必要な期間のことです。部材の調達に関わるリードタイムを含む場合と含まない場合があります。本書では部材調達を含んでいる場合を「生産リードタイム」、工場内作業だけの場合を「製造リードタイム」と使い分けて用います。

　製造リードタイムには、段取り替え時間や工場内での滞留時間も含んで用いるのが普通です。ただし、製造設備や製造要員が製造を行っている正味製造時間だけを製造リードタイムと称する工場もあります。

　生産リードタイムがはっきりしていないと、取引先との納期交渉ができません。また、実効性のある生産計画や調達計画も立てられません。生産管理システム活用において、生産リードタイムは何よりも重要な管理項目です。

　リードタイムを短くすることができれば手配の精度を高めたり、1回の手配量を少なくしたりすることができます。したがって、在庫増対策としては大きな効果が期待できます。

　リードタイムが不明確な企業では、欠品を起こさないようにするために、長めの標準リードタイムが設定するのが普通です。しかし、長めのリードタイム設定は納期競争力が落ちるため、短納期に対応するには在庫を増やさざるを得なくなります。

　リードタイム短縮は工場操業度の向上面でも重要です。リードタイムを短くできれば、生産計画を策定する際の柔軟性が高まります。制約工程などの負荷調整もしやすくなり、工場全体の操業度を高める計画もつくりやすくなるからです。

🦋 リードタイムを短縮するには

　正味製造時間を短くすることで、リードタイムは短くできます。特に大型機

リードタイムの定義

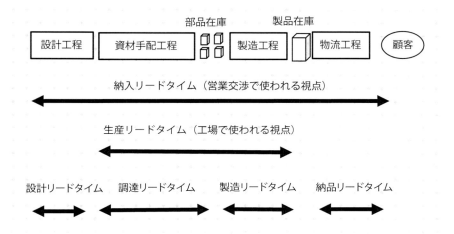

リードタイム短縮の効果

リードタイムを短縮すると、納期短縮面だけでなく財務面からも大きな改善効果が得られる

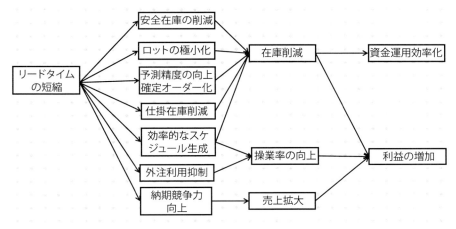

第3章 生産管理システムは何を変えるか？

械の組立作業では、正味製造時間を短くすることで大きなリードタイム短縮効果が得られます。

　高速の製造機械を導入することのほかに、製造現場の改善活動やIE活動で正味製造時間を短縮する取り組みがよく行われます。こうした工場の生産管理システム活用では、負荷調整機能が重視されます。また生産管理面からは、正味製造時間を短縮する支援策が求められます。

　ただし、部品加工工場や小型組立工場のように正味製造時間自体がそれほど長くない製造現場では、正味製造時間だけを短縮してもリードタイムは短くなりません。

❦ 部品の調達時間を短くする

　組立型の工場の生産リードタイムで問題になるのが、部品や材料の調達リードタイムです。MRP生産管理システムはこの問題を解決するために登場しました。しかし、生産管理システムを入れただけでは、調達リードタイムは短くなりません。取引先の部品会社が短い期間でつくりやすくするためのフォローも大事です。平準化計画による調達、内示情報の精度向上、在庫の活用などのフォローは調達先が改善活動に取り組む際にも役立ちます。

　最近は、ATO（Assemble To Order：受注組立生産）を採用することでリードタイム短縮を目指す企業も増えています。ATOとは、製品組立に必要な部品やユニットをあらかじめ先行手配して中間在庫しておき、注文（オーダー）が入った時点でその部品を組み立てて製品出荷する生産方式です（「5-3」項を参照）。商品在庫が膨れ上がったMTS型の自社製品メーカーの救済策として期待が集まりました。

　最近は自社製品メーカーよりも受注生産品メーカー（特にMTO）で、ATOに取り組むケースが増えています。納入先からの短納期要求に対応するために、部材を先行手配せざるを得なくなった下請工場（部品会社、専用機械メーカーなど）が増えているためです[11]。

　こうした工場では、納期のために仕方なくATOに変更させられたというやらされ感が漂っており、現場も混乱に陥ることが多いようです。納期を守ればいいということで、納期遵守のために工程追っかけマンが現場を飛び回っている工場をよく見かけます。

11　受注生産系の工場では、部品の先行手配を見越し手配と呼ぶことがあります。見越し手配量の算定は多くの受注生産系工場で悩みの種となっています。

調達リードタイム短縮のためのアプローチ

○ 取引先の生産リードタイムや取引先が保持している在庫製品を確認しておく
○ 発注量の変動を抑えて、取引先が生産しやすい状況をつくる
○ 取引先への特急注文や小ロット注文は極力抑制する
○ 長期リードタイムが必要な部品や材料は自社手配による無償支給に切り替える
○ 内示手配を確定注文手配に改めて取引先を安心させる
○ 資金面で不安のある取引先には資金援助を検討する

> 今までの日本の大企業の調達方針は上記内容に逆行していることが多く、今後調達リスクが拡大して生産できない工場が増える恐れがある

いろいろな生産方式

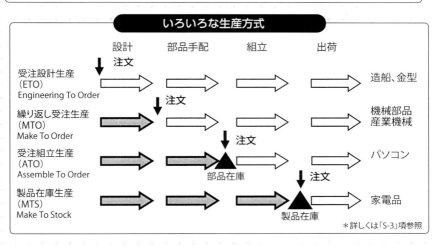

*詳しくは「S-3」項参照

ATO生産

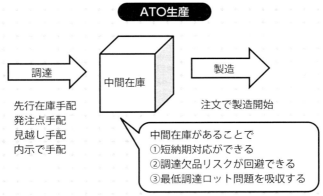

中間在庫をディカップリング在庫と呼ぶこともある

第 3 章　生産管理システムは何を変えるか？　75

3-4 待ち時間を短くしないとリードタイムは短縮しない

　多くの工場の製造リードタイムで問題となっているのは、正味製造時間ではなく、仕掛品の滞留時間（待ち時間）です。正味製造時間が製造リードタイムに占める割合は、せいぜい10～30%程度でしかないのが普通です[12]。

🦋 滞留をあぶり出す
　みなさんの工場では、特急対応で製品を流した場合に、どの程度の時間で製品をつくることができますか。おそらく、平均製造リードタイムの1/4以下の時間で製造できるという工場が多いと思われます。この特急品の製造時間と平均製造リードタイムの差が、待ち時間（滞留時間）に相当します。待ち時間が大きい工場では、正味製造時間を短縮しただけだと製造リードタイムはほとんど短くなりません。
　滞留は初工程前に集中している工場もあれば、特定工程間に集中している工場もあります。また特定工程ではなく、工場全体に分散している工場もあります。
　滞留や待ち時間が発生している原因はさまざまです。次工程の製造能力不足で工程待ち状態が発生する工場もあれば、製造現場が先入れ先出しという基本的な製造手順で製造していないために滞留している工場もあります。また、特急対応に追われることで、特急品以外が滞留するような工場もあります。

🦋 待ち時間の種類
　製造リードタイムに影響する待ち時間には次のようなものがあります。
① 計画待ち時間：月に1回生産計画を立てて、生産手配する工場があったとします。その月の計画策定が済むと、次の月まで新たな手配はなされません。この次の計画（もしくは手配）を待っている時間が「計画待ちリードタイム」です。
② ワーク待ち時間：製造に用いるワーク（製作物）が、製造工程に到着するの

---

[12] 筆者は最初に「リードタイム分布分析表（「2-4」項）」をつくって、工場の滞留状況と原因を洗い出すように推奨しています。

待ち時間の種類

| 正味製造時間 | 計画待ち時間 | ワーク待ち時間 | 工程待ち時間 | 運搬時間 | 段取り替え時間 | バッファ時間 |

製造リードタイム

◇ **正味製造時間**：実際に製造している時間
◇ **計画待ち時間**：次の計画期間を待っている時間
◇ **ワーク待ち時間**：製造に用いるワークの到着を待っている時間
◇ **工程待ち時間**：製造工程などが空くのを待っている時間
◇ **運搬時間**：工場間や工程間のワークの運搬時間
◇ **段取り替え時間**：機械などのセットアップ（段取り替え）時間
◇ **バッファ時間**：リードタイム変動リスクに対応するための余裕時間

正味製造時間は製造リードタイムの 10～30% 程度

➡ 正味製造時間だけを短縮してもリードタイムは短くならない

製造現場が原因で起きる待ち時間

製造現場の製造方針例	どんな待ち時間（滞留）が発生するのか
製造現場がつくりやすいものからつくっている	つくりにくいものが後回しになり滞留する
製造現場は完成納期が近いものからつくっている	納期に余裕があるものが後回しになり滞留する
特急指示の製品を優先してつくっている	特急指示がないものが後回しになり滞留する
納期遅れが心配で、先行してつくるようにしている	先行製造した製品が後工程で滞留する
工程納期に遅れているものからつくっている	設定納期に問題があることで余分な待ち時間が発生しやすい
製造効率を上げるためにまとめ生産をする	まとめ品が届くまでの待ち時間が発生する

➡ リードタイム分布分析により滞留（待ち）時間の実態を把握することが重要

第 3 章　生産管理システムは何を変えるか？

を待っている時間のことです。これが発生すると、製造設備は空き状態となります。発生原因はいろいろで、購入品の調達が間に合わないことが多いです。複数の部品が合流する製品で、両者の製造が同期化していないことにより待ち時間が発生している工場もあります。

③工程待ち時間：ワーク（製作物）は対象工程に届いているものの、製造工程（製造設備）が空くのを待っている時間のことです。多くの場合は製造設備の能力不足が原因です。このほか、製造できる設備が固定化したり偏在化したりしている、製造設備が故障しがちなために余計な工程待ちが発生している、製造設備ではなく作業要員や治具、運搬具、金型、作業エリアなどが不足して製造できないなどの要因が挙げられます。製造時間短縮により製造能力を高めることができれば、待ち時間を減らせる可能性があります。

④運搬待ち時間：工場間や工程間のワーク（製作物）の運搬時間のことを言います。工場内の運搬待ち時間は、構内物流のタイミングや運搬手段の手当てによって生じます。これが原因で、ワーク待ちが発生することがあります。特に大きな問題となるのは、工場が離れている場合の輸送時間です。ある企業では、日本からタイ工場に部品を送り、ユニット組立をして日本に戻して総組立するような形態でしたが、この企業の場合はタイ工場との船便輸送時間だけで1カ月以上をかけていました。

⑤段取り替え時間：機械などの製造設備が動くようにするためのセットアップ（段取り替え）時間のことです。金型の交換作業、ワーク（製作物）の取付作業、治具交換、洗浄、予熱作業など多くのセットアップ（段取り替え）作業などがあります。段取り替え作業は作業時間の管理が難しく、改善活動の対象にされることも多いです。

⑥バッファ時間：リードタイム変動リスクに対応するための余裕時間のことです。納期遅れを予防するために設定します。生産管理システムにリードタイムを設定する場合は、標準リードタイムに余裕時間を入れるのが一般的です。余裕時間を大きく設定しすぎると、指示を待っているまでの待ち時間が増えやすくなります。

🦋 小ロット化する

　待ち時間にメスを入れて、リードタイムを短縮する基本アプローチが小ロット化です。トヨタ生産方式（TPS）で推奨され、取り入れる工場が増えました。究極の小ロット化は、ワークを1個ずつ流す「1個流し生産」です。

なぜ、小ロット化するとリードタイムが短くなるかというと、下図に示すように工程待ちでの滞留時間を減らすことができるからです。ただし、各ロットの製造時間がばらついていると、工程待ち時間はかえって増えます。また、ロット切り替えのために段取り替えが増えると、段取り替え時間で工程待ち時間の短縮効果が相殺される可能性も生じます。

　工場のリードタイム短縮を目指す上では、「待ち時間」をどうコントロールするかは非常に重要な事項です。理論的には、後述するスケジューリングソフト（スケジューラー）を用いることで、待ち時間をシミュレーションすることは可能です。しかし、待ち時間の発生原因は刻一刻と変化するため、スケジューラーだけでは実際の製造を事前検証するのは事実上困難と言えます。

　いきなりコンピュータに解を求めるのではなく、地道に待ち時間の発生原因をつぶしていくことを優先すべきです。

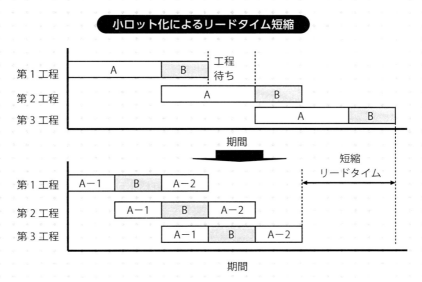

ロット分割の究極の姿が1個流し生産 → JIT生産、セル生産

第3章　生産管理システムは何を変えるか？　　79

3-5 システム化で在庫は減ったか

　リードタイム短縮と密接に絡むのが在庫削減です。在庫を持つと、それに伴って在庫経費が発生し、利益が少なくなります。代表的な在庫経費に、「在庫を保管しておくための倉庫代」が挙げられます。倉庫代とは別に、光熱費や管理料などの保管経費が必要になる場合もあります。

🦋 意外と響く在庫経費

　死蔵品や売れ残り品在庫などを廃棄する際の廃棄ロスに加え、陳腐化した際のマークダウン（原価評価下げ）による損失も在庫経費の一種です。製品や部品が錆びたり、カビやホコリ、汚れがひどくなった場合は、元の状態に復元するためにも追加の在庫経費が発生します。

　在庫を取得するのにかかった資金の調達金利も在庫経費です。現在は低金利下にあるため、在庫資金金利はそれほど重視されませんが、ひとたび金利上昇が始まると企業利益に対する影響が増すはずです。

　在庫を減らすことで、在庫のために割いていたスペースを活用した物流動線改善や、作業効率が低下しない工場レイアウトへの変更も可能です。

　在庫品は、調達もしくは製造したときに費やされた資金が蓄積されたものです。在庫を持つと、資金（キャッシュ）が不足して倒産リスクが高まります。

　ところで現在、日本の上場企業の過半が実質無借金状態にあると言われています。本来、在庫は資金調達の難しい下請中小企業ではなく、資金調達が比較的容易な調達元の大企業が持つべきです。大企業経営者の在庫削減志向が、多くの中小製造業者の在庫負担を生み出して経営を苦しめています。

🦋「在庫のムダ」とは

　トヨタ生産方式（TPS）では、在庫の存在が現場の問題を隠して改善活動を阻害すると考えます。設備が故障して一時的に止まったとしても、在庫があれば何とか生産を維持でき、現場は抜本的な故障対策に取り組まないことを恐れるものです。在庫がないことで、設備が止まれば現場は設備故障対策に真剣に取り組みます。

この点を強調するために、トヨタ生産方式では「在庫のムダ」と称しました。「在庫のムダ」は設備改善問題に限らず、不良品対策や労務対策、生産計画の不備などさまざまな改善問題に共通するテーマです。

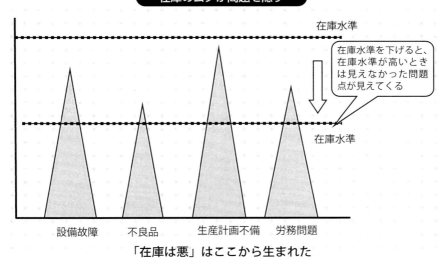

3-6 工場利益は増えたか

　日本の製造業関係者には、「個別原価を管理する」と「利益を管理する」ことを同一視している人がいます。しかし、企業利益と個別製品の原価は連動しません。企業経営にとって大事なのは、企業利益管理で個別原価ではありません[13]。

🦋 外部購入費の管理に役立てる

　筆者は、企業利益創出のためにはTOC（Theory Of Constraint：制約条件理論）のスループット会計アプローチがわかりやすいと考えています。スループット会計では、企業利益は企業全体のスループットから企業全体の作業経費を引いたものとします。

　スループットとは売上高から外部購入費を引いたもので、直接原価計算の「限界利益」、会計用語の「付加価値額」とほぼ同じです。代表的な外部購入費用には、部品や材料の購入費用、外注業者の作業費、仕入品の仕入費用などがあります。生産管理システムにより外部購入費の管理を強化することで、外部購入費の削減が期待できます。

　一方、作業経費とは、人件費や減価償却費、光熱費、販売管理費用などほぼ固定的に発生する経費のことです。一般的には固定経費と呼ばれています。

🦋 製造能力を高める大事なアイテム

　企業利益はスループットから作業経費を引いたもののため、スループットを増やすか、作業経費を減らせば利益は増えます。

　作業経費削減の中心は人件費削減です。一般的には、リストラで削減する形態が多くとられます。ただしリストラ頼りの場合は、製造能力や営業能力などの企業体力が衰退する上に、従業員の士気低下が心配されます。そのため、リストラによる利益創出は長続きするとは限りません。

　企業利益創出の本道はスループットの向上です。スループットを増やす方策を次ページの図に示しました。工場の製造能力が不足している状態では、売上

13　この件は拙著「誰も教えてくれない『工場損益』の疑問」に詳述しています。興味のある方はご参照ください。

増加や外注費削減は実現できません。そこで、生産管理システムの役割が重要となります。限られた工場設備や人員を効率良く使って製造能力を高めるには、高度な生産管理システムとそれを駆使する優秀な生産管理担当者のタッグが不可欠です。

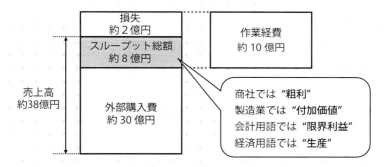

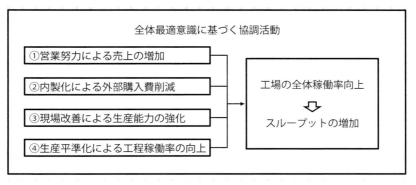

第3章　生産管理システムは何を変えるか？　　83

3-7 内製化を推進するだけで利益は生み出せる

　製造業者がスループットを増やすために、最も効果があるのは内製化の推進です。工場管理者は「外部購入費比率」を常にチェックし、余分な外部費用が発生していないか監視するようにしましょう。

🦋 外部購入すれば利益は減る

　日本の製造業者には、社内人件費よりも外部の中小企業や海外企業の方が、労務単価が安いと思い込んでいる人が少なくありません。社内工数単価5,000円の仕事を外注企業に出せば3,000円、海外企業に出せば1,000円でできるという思い込みです。その結果、自社工場で十分に製造できるにもかかわらず、外注企業に製造委託する工場関係者がいます。

　この考え方は、利益創出には逆行するため留意すべきです。操業度に余裕のある工場で増産分を外注しても、社内原価は減りません。自社工場で生産できるのなら、自社工場で生産すべきです。外注企業に出すと、外注企業に支払った外部購入費分の利益が減ります。

　このことは、掃除などの家事を外部の家事代行業者に頼むことを想像すると、わかりやすいです。自分自身や家人が掃除すれば家計負担は発生しませんが、外部の家事代行業者に依頼すれば家計からの持ち出し費用が発生します。

　ただし、内製化推進は新たに人を雇ったり、残業代が増えたり、設備を増強したりすることで作業経費が増える危険性を持っています。それを防ぐためには、現場改善活動や生産管理を強化して潜在的な生産能力を高め、作業経費を増やさずに増産対応できるようにするとよいでしょう。また、内製化促進のために平準化生産を極めるというのも重要なアプローチです。

🦋 納期対応のための外注化にも気をつける

　最近は、外注を使った方が安いからという理由だけで、外部に出すケースは少なくなっています。利益改善策として、内製化を掲げる企業が増えた影響かもしれません。最近増えているのは、コスト問題ではなく、取引先に対する納期対応に追われて外注業者に製造を頼るケースです。

内製化による利益創出

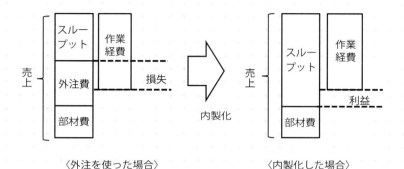

内製化すれば、外注費がなくなる分だけスループットが増え、利益も増加する

外注会社に出すと原価は高くなる

製品Aの1個当たり製品原価＝2万円（材料費：1万円 製造工数原価：5,000円/時間×2時間＝1万円）の生産を外部に出すと

| 1個3,000円で製造するという外注会社が表れたので外注に出した ⇒ 外注すると1個当たり4,000円の黒字になるはず →間違い |

| 工場でつくれる余裕がある場合は外注してはならない |

| 外注しても10,000円の負担が減るわけではなく、原価は26,000円になると考えるべき |

特に、納期遵守を第一に活動している工場で、この問題が起きています。こうした工場では、自社工場の製造では能力面から納期が間に合わない可能性があると感じたら、すぐに外注業者に出そうとする傾向が見られます。

　リーマンショック後のリストラや海外移転などにより、製造能力を縮小した国内工場が増えました。そうした工場の生産管理担当者は、自社工場での納期遵守に自信が持てなくなっていることが多く、外注企業に頼ろうとする傾向が強く出ているのです。

　次ページ上段に示す図は、ある板金加工業者で実際に生じた問題をフローチャートにまとめたものです。この企業では、リーマンショック時のリストラで製造能力を減らしたことに無理な小ロット化の推進が重なったため、工場の製造能力が大きく落ち込んでいました。

❦システムの警告を深読みしよう

　そこへ、複数の取引先から注文が急に入り始めたために、生産管理システムの負荷管理機能からはこのままだと負荷オーバーが発生するというアラームが出たのです。その結果、負荷オーバーによる納期遅れを心配した生産管理担当者が、長納期品の加工を次々と外注会社に出し、内部の生産ラインは特急対応用に空けておく状態が続きました。

　システム化以前は製造現場に頼むしかなく、ときには現場班長に嫌味を言われつつ特急対応をしてもらっていましたが、システム化を機に若手生産管理担当者が進んで外注選択をするという楽な道を選ぶようになった背景があります。

　結果的に、同社では外部購入費の増加とスループットの減少を誘発し、売上が増えたのに工場操業度は上がらず、利益増への貢献も期待できないという状態に陥ったのです。そこで同社では、製造能力を確保するとともに外注会社への発注を規制し、操業度を上げるようにしました。その結果、何とかスループットも増えて利益がついてくるようになりました。

　こうした納期対策のための外注化は、数多くの工場現場で行われています。同社のように、生産管理担当者がコンピュータで簡単に製造工程の負荷を確認できるようになった企業では、能力不足を心配した生産管理担当者が安易に外注会社を使う傾向があり、注意したいところです。

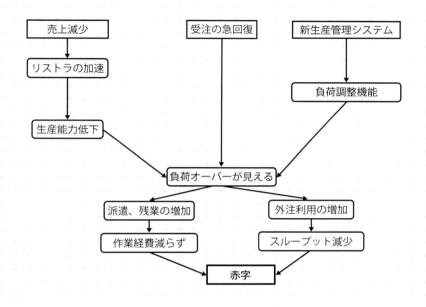

内製化を阻害する要因

○ 内製でつくるよりも外注会社や海外でつくった方が安い、と単純に信じ込んでいる経営者や工場関係者がいる
○ 内製だと納期的に間に合わない可能性がある（能力オーバー、優先製品生産対応があるため通常製品は後回しになるなど）
○ 自社の設備は旧式のため生産効率が悪い。外注の方が効率化できる
○ 内部設備は急な短納期や特急対応のために空けておきたい
○ 工場現場の班長からは厳しいことを言われるため、文句を言わない外注会社に仕事を回したい

3-8 制約(ネック)工程を管理して利益を増やす

　スループット（利益）を増やすための二大施策は、売上の拡大と内製化の推進です。
　どちらの施策も、工場の製造能力が十分に確保されていないと実現できません。多数売りたくても、生産能力が不足して製品をつくれなければどうしようもありません。内製化も工場の生産能力が不足している場合は、社内でつくりたくてもつくることはできません。仕方なく外部業者に生産を委託せざるを得なくなります。
　また、たとえ工場内に生産能力が十分にあったとしても、その能力を最大限に発揮して操業度を上げるような生産コントロール（生産計画）が十分に行われないと、スループットや利益は増えません。
　トヨタでは、各工程設備の最大製造能力を同じレベルに合わせる平準化生産対応で、工場全体をフル稼働状態に保つようにします。しかし、一般工場の場合、そこまでの仕組み構築は困難です。

❀TOCでの制約工程管理

　スループット会計を生み出したTOC（制約条件理論）では、生産能力問題を次のように考えます。工場内に生産能力のボトルネックとなる制約（ネック）工程と、制約工程以外の工程がある場合、その工場では制約工程能力以上の製造はできません。その工場の実質生産能力は、制約工程の製造能力が決めることになります。そのため、工場の生産能力を高めるためには、制約工程の製造能力を上げるか、制約工程をフル稼働状態にすることが求められます。
　TOCではこの考え方を前提に、5ステップによる制約工程改善アプローチを実施してスループットを増やします。
　さらに制約工程の稼働率向上に関して、91ページ上段に示す図のような在庫活用アプローチも推奨されています。このアプローチは、工場の生産システム運営に当たっての基本となる考え方です。
　同アプローチでは、制約工程の前に置いた緩衝用の部品在庫の存在が重要です。この在庫の存在により、制約工程が遊ばないようにします。

制約工程が生産量を左右する

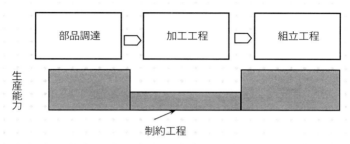

⇒ 組立工程に十分な製造能力があっても、制約工程である加工工程の製造能力以上の生産はできない

⇒ 制約工程の製造能力を向上させることが重要

TOCの制約工程改善アプローチ

TOCは制約工程をフル稼働にすることでスループットの確保を目指す

1. 制約工程を見つける
2. 制約工程を徹底的に活用する
3. 制約工程以外を制約工程に従属させる
4. 制約工程の能力を向上させる
5. 惰性に注意しながら第1ステップに戻る

たとえばトヨタの工場でも、制約工程である塗装工程の前には緩衝用の車体在庫が置かれています。また、重要部品の組付（艤装）工程内にも、緩衝在庫を置いて生産が止まらないようにしています。

制約工程はどうやって見つけるのか

　日本にTOCが入り始めた頃に、多くの工場関係者が疑問に思ったことがありました。制約工程が工場全体の生産能力を左右することは理解したものの、実際に制約工程をどのように見つけたらいいか。さらに言えば、製造する製品や製造順によって制約工程は変化するのではないか。今でもこの疑問への回答が明確でないことで、TOCは使えないという意見を述べる人もいます。

　基本的な制約工程の見つけ出し方は、在庫が滞留している工程を探すことです。制約になっているような工程の前には、処理できずに在庫が自然に溜まることがよくあります。現場で滞留在庫の実物を確認する方法もありますが、「リードタイム分布分析（「2-4」項を参照）」による滞留分析は、制約工程を洗い出す上でも効果を発揮します。

　ただし製品品種や製造方法が変動したり、生産指示がうまく機能していないような工場では、必ずしも制約工程の前だけに在庫が滞留しているとは限りません。工場内の至るところに、滞留在庫があふれている工場もあります。実際には、そうした工場の方が多いかもしれません。

　TOCでは、制約工程が見つけにくい工場の生産計画をつくる際には、制約工程を見つけるのではなく、わざと制約工程を設定するようにします。他の製造工程の生産は、そうしてつくった制約工程に同期させるようにコントロールします。

　各製造工程への投入時間や在庫量の調整も、制約工程の生産計画に連動して決めるようにします。このことでも、当該工場の生産能力は確実に上昇していくはずです。

　近年は人手不足の影響もあり、制約工程の生産稼働調整がますます重要な問題となりつつあります。ただし、制約工程をベースにした生産を実現しようとしても、サポートできない生産管理システムもあるため注意しましょう。たとえば、制約工程のロット調整や緩衝在庫設定ができない生産管理システムだと対応できません。

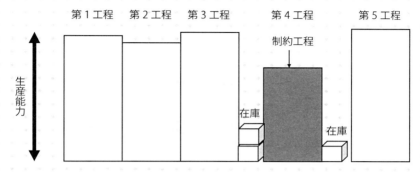

制約工程（第4工程）以上の生産はできない　➡　制約工程のフル稼働実現が重要

①第4工程の前に緩衝在庫を置き、第4工程が材料不足で遊ばないようにする
②第4工程は段取り替えロスをなくすために無理な小ロット化を進めない
③第4工程を中心にした製造計画をつくる
④第4工程以外の工程ではムダな作業をしない
⑤第4工程以外はリードタイム短縮、滞留在庫削減に向けて小ロット化を推進する

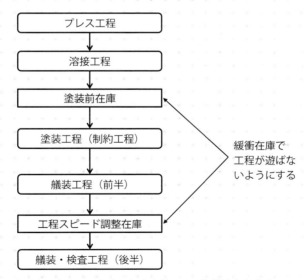

自動車の生産では在庫をうまく使って工程稼働率を高めている
緩衝在庫を減らしすぎるとうまく生産できない

3-9 生産平準化を実現させて利益を確保する

　前項で、スループットを増やすためには、制約工程の製造能力を高めることが重要との説明をしました。しかし制約工程の能力を高めても、製品需要の変動によって工場の生産量がばらつくと、制約工程をフル稼働状態に維持することができません。十分な生産量が確保できない状態と、明らかに能力オーバー状態が交互に起きる事態となります。

🦋 生産平準化を目指す

　制約工程を平準化してフル稼働状態に保つために、納期的に余裕のある製品を前倒し生産して負荷調整します。この調整がうまく働けば、工場の操業度は上がり、スループットが着実に増えて利益も拡大します。ただし、前倒し生産調整を行えば、その分仕掛品在庫は増えるため注意が必要です。

　こうした平準化生産の実現に当たっては、単に在庫に頼るだけでなく、顧客や営業に協力してもらうことも大切です。たとえば、取引先側に納品倉庫を設けて納期調整用の緩衝在庫を置いてもらい、工場はそこの在庫状況や消費状況を見ながら補充生産するような方法も考えられます。この仕組みが実現できれば、工場の平準化生産はしやすくなります。

🦋 在庫生産品と受注生産品を組み合わせる

　より戦略的にこの問題に取り組むための考え方として、トヨタをはじめとする多くの自動車会社などが採用する平準化生産計画立案策が、受注生産品の生産と在庫生産品の計画生産を組み合わせて生産するアプローチです。

　在庫生産品とは、ある程度在庫していても、いずれはなくなる可能性が高い製品のことです。消費材などの量産品が代表です。先行生産で在庫としておくことが許される製品（部品）や保守用の部品なども在庫生産品です。

　自動車メーカーの組立ラインでは、国内向けの右ハンドル車が受注生産品になります。受注生産品のオーダーだけでは生産ラインの操業度はぶれやすいため、フル操業状態を常に維持し続けることはできません。そこで、組立ラインの空いた時間を利用して、在庫生産品である左ハンドル輸出車を生産します。

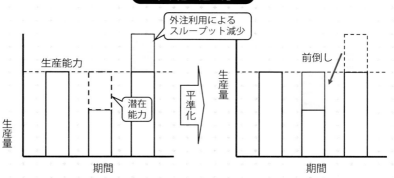

- ◆ 生産平準化の基本は生産の前倒し（特に制約工程が重要）
- ◆ ただし、生産平準化をしようとすると在庫が増えることがある

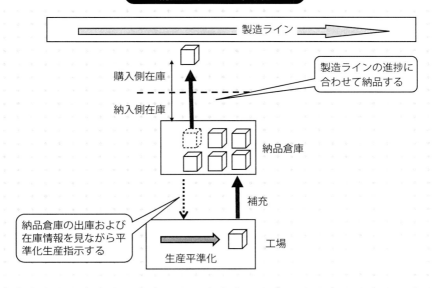

第 3 章　生産管理システムは何を変えるか？　93

具体的には、先に右ハンドル車の生産計画を策定し、残った生産能力枠に左ハンドル車の生産を投入して、できるだけ生産計画を平準化するようにします。こうすることで、生産能力を最大限発揮できるだけの操業状態を維持し、できるだけスループットを稼ごうとします。

　在庫生産品の生産を海外や外注会社に委託すると、この方法が取れなくなります。日本の電機産業が衰退していった裏には、自動車産業と違ってこの対策をとらなかったこともあると見ています[14]。

　先行手配受注と短納期受注を組み合わせて、稼働率を高く維持させようとしている典型的な業界が、ホテルや航空会社など固定投資型のサービス事業です。彼らは先行手配分を安くしたり、売れ残り品を値下げしたりして稼働調整します。最近では、印刷業者でもこの種の価格による稼働調整をする企業が出てきました[15]。

　製造業界では数量と価格は連動しても、納期と価格は連動しないことが多いのですが、他業界のように平準化のための価格政策を取り入れることも考える必要がありそうです。

❀ スケジューラーを活用する

　生産管理システムの活用においては、生産平準化は最も重要なテーマです。次ページ下段に示す図は、スケジューラーを活用して上記の平準化を実践している工場の計画策定方法を整理したものです。この工場の製品は、都度受注生産品とある程度先行在庫しておける繰り返し生産品から成り立っています。両社の生産割合はほぼ50％ずつです。都度受注生産品は材料手配納期が必要になるため、繰り返し生産品に比べて標準リードタイムは長くなります。

　この工場では、先に都度受注生産品のオーダーを約束納期からのバックワードスケジューリングで流し、制約工程の計画を確定させます。その際の制約工程の保有能力は最大限に設定するのではなく、最大量のほぼ60％程度にとどめます。都度受注生産品の生産スケジュールが確定したら、今度は繰り返し生産品のオーダーを先頭工程からのフォワードスケジューリングで流し、平準化していきます。

---

[14] 自動車産業が儲かっていたのはトヨタ式の現場改善のおかげ、と短絡的に信じ込んでいる経営者は多いですが、それだけではありません。

[15] その代表が、CMでおなじみのプリントパック社とラクスル社です。

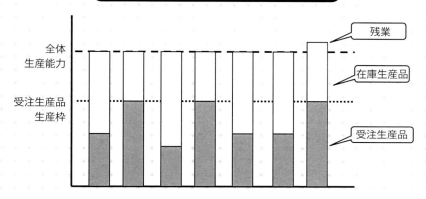

- あらかじめ受注生産品の生産枠を確保し、余った分で在庫生産品の計画生産を実施し、工場の稼働率を向上させる
- 在庫生産品の生産を海外、外注、EMSなどに移すとこの基本原則が崩れ、国内工場の経営が成り立たなくなる

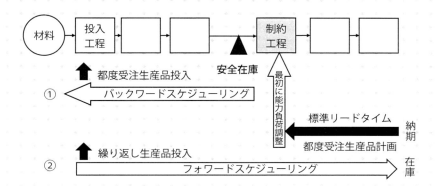

第3章 生産管理システムは何を変えるか？

> column

消込バンクによる事務効率化

　生産管理システムの活用目的の1つとして、「事務処理の効率化」を紹介しました。生産業務からは少し離れますが、企業スタッフを悩ます事務処理の1つに、請求金額に対する入金消込作業があります。消込作業とは、請求額が実際に入金されたかどうかを、請求書単位で確認する作業です。請求書番号ごとに正しく入金されたかどうかを、請求リストから消し込んでいきます。

　なぜ、この作業に手間がかかるかというと、銀行の入金情報は入金日と相手名称（カナ）、金額しか届かないからです。2018年末には金融EDIができて、もう少しいろいろな情報がやり取りできるようになると言われていますが、それでも支払い側が送金時に請求書番号までを記入して送ってくれるかどうかはわかりません。請求書番号がないと自動消込はできませんので、EDI化されても現在の消込処理と手間はそう変わりません。

　最近、銀行では企業向けに消込バンクサービスを提供しています。銀行にあらかじめ請求内容（請求先、請求番号、金額など）を伝えておくと、銀行側で過去の支払口座情報などを参考に自動消込をしてくれます。あいまいな請求情報は候補情報をピックアップするそうです。企業側はその情報をもとに自動消込処理をすれば済みますので、消込作業は格段に効率化します。消込作業で困っている方は検討してみてはいかがでしょうか。

第 4 章

MRP生産管理システムが生産の邪魔をする

　日本の製造業者が利用している大半の生産管理パッケージシステムは、約50年前に登場したMRP（資材所要量計画）という生産管理手法をベースにつくられています。なぜ、システムベンダーがMRPをこれほどもてはやしているのかはよくわかりませんが、このMRPこそが日本の製造業者の生産管理レベルを大きく後退させた元凶と言えます。本章ではMRPとは何か、そしてMRPの何が問題なのかを解説します。MRP生産管理を導入している、あるいは導入しようと考えている工場は気をつけたいところです。

4-1 MRP生産管理システムとは

　最初にMRPの基本的な仕組みを解説します。ただ、本書はMRPの解説書ではなく、MRPに対して否定的な見解を主張していますので、MRPの具体的な計算方法を知りたい方は別の解説本をご参照ください。

🦋 必要な部品がちょうど入手できるよう手配

　ほとんどの生産管理システムでは、親製品（MRPでは独立需要品目と言う）に対して部品構成表（BOM）を使い部品展開計算することで、製品を構成する各部品（MRPでは従属需要品目と言う）の必要所要量を算出します。MRPでは、通常の部品展開計算に加えて、親製品の基準生産計画（MPS：Master Production Schedule）と手配リードタイムを用いた構成部品の手配時期算出（所要量展開計算）もします。

　MRPの所要量展開計算がうまく機能すると、各製造工程が部品を使うタイミングに合わせて、必要な部品がちょうど手に入るように部品を手配することができます。トヨタ生産方式で言うところのジャスト・イン・タイムの実現です。

　ジャスト・イン・タイムが実現できると部材調達作業の効率化、滞留している仕掛品在庫の削減、欠品による製造工程の稼動停止抑制、安定稼動の実現などの効果が表れます。そのためもあって、構成部品数が多い大手の組立型製品製造工場を中心にMRP生産管理システムの導入が進みました。

🦋 大量のデータ計算を要する

　MRPの部品所要量展開計算ロジック自体は、それほど複雑ではありません。ただし、実際に計算するためには部品構成表に加え、部品在庫量や各部品の調達リードタイム、製造工程の製造リードタイムなど大量のデータを使った計算処理が必要となります。

　MRPの部品所要量展開計算を手作業で実施するのは難しく、MRPを利用するためにはコンピュータの利用が前提になりました。50年前に大型コンピュータが実用化されたのに合わせて、コンピュータを使ったMRPベースの生産管

MRP計算の考え方

部品展開に必要時期計算を加えるのがポイント

①計画品目を独立需要品目・従属需要品目に分ける

　独立需要品目　⟹　最終製品・・他の品目需要に依存しない
　従属需要品目　⟹　構成部品・・最終製品の需要に依存する

②独立需要品目の生産計画を策定する

➡　独立需要品目の生産計画を基準生産計画（MPS）と呼び、最初にこれを策定する

③構成部品表（BOM）を使って部品展開を行う

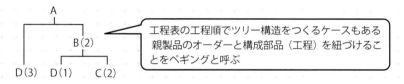

工程表の工程順でツリー構造をつくるケースもある
親製品のオーダーと構成部品（工程）を紐づけることをペギングと呼ぶ

④最終製品、ユニット、部品の必要時期を定める

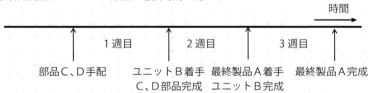

⑤必要時期からリードタイム分だけ遡って着手時期を算出し、ロットまとめをする

MRP 計算結果	1週	2週	3週
製品 A			2
ユニット B		4	
部品 C	8		
部品 D	10		

第 4 章　MRP 生産管理システムが生産の邪魔をする　　99

理パッケージが広がりました。

　そのときの名残からか、コンピュータを用いた生産管理と言えばMRPで行うもの、と考えているシステム関係者も多いようです。SAPに代表されるERPパッケージの生産管理モジュールの多くも、いまだにMRPをベースにしています。ただし、MRPだけが生産管理システムではありません。

❦ 重宝されるパッケージの標準機能

　MRP生産管理パッケージには、MRPロジックだけではなく、製造業の生産システムをコントロールするために必要な標準機能が網羅されています。たとえば、次ページ上段に示す表のような機能です。

　これらの業務機能はコンピュータシステムがなくても、現場は手作業で実施しなければなりませんでした。コンピュータ化するだけでも現場の作業工数は大きく削減可能です。

　生産管理パッケージシステムの標準機能を利用すれば、各種作業指示書や伝票の発行機能、在庫や実績の管理機能などの現場業務をサポートする機能を一からシステム開発しなくても済むようになり、導入費用を安く抑えることができます。

　そのためもあって、生産管理システムの導入に標準的な生産管理業務機能があらかじめ組み込まれている、MRP生産管理パッケージを使うというアプローチが広がりました。特に、MRPパッケージに標準で実装されている部品展開計算は人手で実施するには難しく、パッケージへの期待が高まりました。

　たとえば、組立型製品メーカーが部品手配をする際に欠かせないストラクチャー型部品構成表の部品展開計算は、展開計算ロジックが複雑です。部品手配する部品を選び出す順展開計算、部品がどの製品に使われているかを算出する逆展開計算などの計算ロジックを独自にプログラミングしようとすると、大きな開発工数を必要とします。

　MRPパッケージを利用すれば開発工数を低減でき、多くの組立型製造業者が部品展開計算の効率化とそれに連動した部材調達業務の効率化を目的に、MRP生産管理パッケージの利用を選択しました。ただし、MRP生産管理パッケージを使っているからと言って、MRPで管理しているとは限りません[16]。

16　カタログにMRPと書いてあるからと言って、本来のMRPロジック通りに計算しているかどうかわからない生産管理パッケージもあります。

MRP生産管理パッケージの主要機能

- オーダーエントリー機能（受注および見込み計画品手配機能）
- 製品および部品の生産計画機能
- 部品所要量展開計算機能
- 製品の出荷、在庫、売上および売掛金などに関する管理機能
- 部品や材料の手配と在庫に関する管理機能
- 部品倉庫や製造工程への作業指示と実績の収集機能
- 部材の注文書発行、受入、検査、検収および買掛金などの購買管理機能
- 原価計算機能

ストラクチャー型部品表を利用した部品展開計算

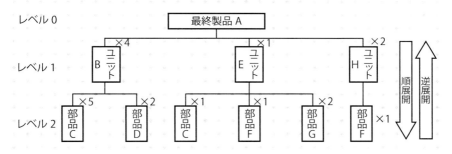

レベル0		レベル1		レベル2	
品名	数量	品名	数量	品名	数量
A	1	B	4	C	5
				D	2
		E	1	C	1
				F	1
				G	2
		H	2	F	1

第4章　MRP生産管理システムが生産の邪魔をする

4-2 MRPはなぜ期待を集めたのか

MRPは、機械製品などの組立に用いる構成部品を効率良く調達するために、米国で考案された仕組みです。MRPの基本は、あらかじめ定めた計画通りに粛々とつくることです。この基本を忘れるとMRPは機能しません。

🦋 米国におけるMRPへの期待

MRPが登場するまでの米国企業では、「欠品表管理」という生産管理方式が主流でした。「欠品表管理」は、発注点方式などを使ってあらかじめ部品を調達し、部品を使う際に使用部品を洗い出し、欠品している部品があれば欠品表をつくって担当者が督促する仕組みになっています。

MRPは、この欠品表管理の問題点を改善するために、米国で考案されたものです。MRPでは、欠品表管理で問題とされていた事務工数の削減や、在庫削減効果が期待できました。海外製ERPのMRPモジュールが掲げる導入効果は、この視点から述べられたものが中心です。

ところが日本の工場では、欠品表管理はほとんど利用されていないため、この視点でMRPの効果を語っても意味がありません。

🦋 日本におけるMRPへの期待

日本でMRPの効果を論じる場合は、「製番管理」方式の部品調達と対比して語られることが多いようです。製番管理方式の部品調達は、受注時点で設計部門がリストアップした部品構成表に基づき、必要部品を一斉手配します。

この手配方法では、手配指示後に設計変更が起きた場合に変更することが難しく、余った部品が余剰在庫として残ることがあります。実際に部品を使うまでの保管場所や保管費用も必要です。また、複数の製品で利用する共通部品があっても別々に手配する形になり、手配効率が悪化する心配もありました。

MRPはほぼ同じ時期に利用する部品をまとめて一度に手配し、利用するという仕組みです。日本では製番管理の問題改善の仕組みとして、MRPが期待されました。このように、日米でのMRPへの期待は異なります。この違いは、日本企業がMRPをうまく使いこなせない原因を考える上で非常に重要です。

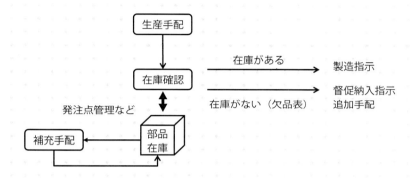

MRPへの期待

欠品表管理への不満 ➡ 米国での期待
　　○ 部品補充手配の事務作業が煩わしい
　　○ 欠品が起きたときの対応が面倒
　　○ 部品在庫の管理が難しい
　　○ 余分な部品在庫が発生しやすい

製番管理への不満 ➡ 日本での期待
　　○ 変更が起きると余剰部品在庫が出る
　　○ 実際に使うまでの部品在庫保管が必要
　　○ 部品が揃ったかどうかの確認が煩わしい
　　○ 共通部品を一度に手配できない
　　○ 調達納期管理が煩わしい

❦ MRPの特徴

　MRPの考え方の特徴は、前項でも紹介した「ジャスト・イン・タイム」の実現です。MRPでは親製品（独立需要品目）の必要数量を定めると、子部品（従属需要品目）の必要所要量も自動計算されます。

　MRPでは、部品展開に調達リードタイムを加味して所要量計算するため、先行部品発注によって生じる余分な在庫を抑制することができます。また、発注時期をギリギリまで待つことができ、変更に対する耐性力も高まります。

　ただし、いくらMRPでも、リードタイムを切ってからの変更はできません。これは「タイムフェンス」という機能でブロックします。タイムフェンスを切ったら、手配変更はできないのがMRPの絶対ルールです。そのことは非常に重要ですので、忘れないようにしましょう。

　MRPで実際の手配数量は、実際に製品製造に使う数量（総所要量）ではなく、すでに先行手配するか安全在庫手配している在庫品の量を引いて、算出した数量（正味所要量）だけを補充手配します。その際に、同じ時期に使う共通部品に関しては、「タイムバケット」という期間単位でまとめてロット手配します。この調整で余分な在庫の発生が抑制できます。タイムバケットは以前は週単位もありましたが、現在は日単位が多いようです。

　所要量展開計算を手作業で行うことは難しかったこともあり、コンピュータの進化とともにMRPの利用が広がりました。当初は大型コンピュータを使って一晩かかっていた所要量計算も、現在は数分で計算できる高速MRPシステムもあります。

　MRPは、家電製品のような量産型の組立製品の工場における在庫削減に、最も効果が期待できます。そのためもあって、日本の大手組立型の最終製品メーカーから導入が始まりました。ところが、それを目にしたMRP生産管理システムベンダーが、本来はMRPには合わない製造業者にまでMRPを押しつけるようになりました。その結果、生産システムが混乱する工場が続出しています。

　特に日本に多い受注生産型の製造業者が、安易にMRP生産管理システムを導入したことで生産に支障をきたすケースが多く、筆者の元にも相談が相次いでいます。

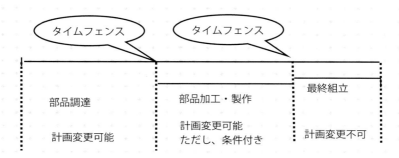

タイムフェンスを切らないと MRP は機能しない

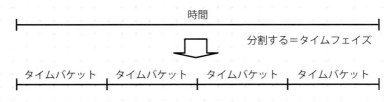

タイムバケットで同一部品の数量まとめを行う

タイムバケットは日単位が多い

第 4 章　MRP 生産管理システムが生産の邪魔をする　　105

4-3 MRPはなぜ理想通りに使えないのか

　MRPシステムの何が問題だったかと言うと、最大の問題点はMRP計算ロジックがあいまいな情報への対応が苦手だったことにありました。
　MRP計算を機能させるには、部品を必要とする時期（納期）と手配部品の生産・調達リードタイムのデータがほぼ正確な値になっていなくてはなりません。しかし、日本に多い受注生産メーカーが、これらの数字の精度を高く維持することは事実上困難です。

🦋 MRPはあいまいな情報への対応が苦手

　たとえば、「納期」は取引先の要望や設計変更などの影響で変化するのが普通です。また、「生産および調達リードタイム」も手配側の指示ロット数と部品会社や製造工程の負荷状況との関係で変化します。初めて生産する製品は、標準リードタイムに正確な値を設定すること事態が困難です。
　リードタイム設定数字の精度が低い場合は、実際に部品が必要時期に手に入るかどうかわかりません。欠品状態を起こさないようにするために、わざと長めのリードタイムや短い指示納期を設定して、早めに手に入れるようなことも行われます。
　MRPには、計画変更によって現場の運用を混乱させないようにするために、前述の「タイムフェンス」というルールがあります。タイムフェンスルールでは、ある時期を過ぎるとMPSやMRPの計画変更は一切してはならないことになっています。
　受注生産メーカーにとっては、このタイムフェンスは大きなハードルです。受注生産企業は、いかなるときも取引先からの要求に応えることを是とせざるを得ず、タイムフェンスを受け入れることは困難です。それではMRPは機能しないため、受注生産メーカーでは現場要員が手作業で生産計画調整するのが普通です。

🦋 MRPは欠品対応が苦手

　MRPは欠品への対応も苦手としています。MRPは製品見込み生産計画をサ

MRPシステムはなぜ理想通りに使えないのか

■MRP計算は各部品の必要時期を個別に計算し、調達リードタイムを遡った時点で発注

```
        変更可能期間   調達リードタイム
        ←········→   ←───→
         ⇧           ⇧      ⇧
        手配日       発注日  必要時期
```

■このことにより次のような効果が得られる見込み
　①前倒し納入を防げるため余分な在庫の発生を抑制できる
　②発注日までは変更が発生しても注文は出ず（変更可能期間）、変更による混乱を抑制できる

■ところが、
　①手配時にインプットする必要時期の精度が悪く、必要時期の変更が頻繁に起こる
　②調達リードタイムの精度が低く、必要時期に調達できないことがある
　③製造工程の能力と負荷状況によってリードタイムは変化するがそれが考慮されていない
　④計画単位（タイムバケット）が、日単位では粗すぎて使えない

■この状態ではMRPは機能しないため、MRPの仕組みを殺し、手配日に一律リードタイムで一斉発注する
　もしくはMRPは内示計画の作成だけに用いて、手配は別の仕組みを使う（かんばんなど）

実際の納期は生産管理担当が個別に手作業で調整管理する

部品が欠品すると生産できない

◇MRPでは、引当時に部品が1つでも欠品すると、対象製品の生産すべてが生産できない
◇さらに、不足部品の追加補充手配オーダーが乱発されて、手配が混乱する可能性もある

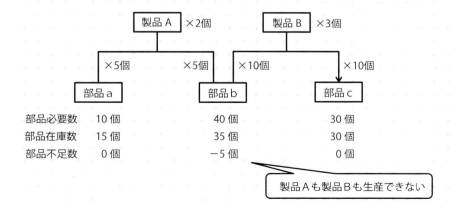

第4章　MRP生産管理システムが生産の邪魔をする　　107

ポートするための仕組みだったため、部品の欠品が起こると、それを使っている製品すべてのMRP引当計算結果に欠品アラームが出ます。

欠品アラームが出ると、手作業で製品オーダーを調整してアラームを消さなければなりません。自動的に欠品部品の追加補充手配をするシステムもありますが、本当に補充手配していいのかの確認作業が必要になります。生産管理部はリカバリー処理に多大な時間が費やされ、生産業務自体が滞ることも心配されます。

さらに日本の受注生産メーカーに広まっているATO生産（「3-3」項を参照）でMRPを利用しようとすると、この欠品問題がクローズアップされます。ATO生産での部品在庫の見越し先行手配は計画担当者の勘任せになりがちなため、勘が外れた場合は部品欠品アラームが乱発されます。先行在庫を増やせば欠品アラームは減らせますが、今度は過剰在庫発生の温床になる可能性があります。

MRPには上記のような問題があるため、MRP生産管理システムを正しく運用している日本の製造メーカーはきわめて限られます。全部品で同じリードタイムを設定したり、部品展開したらすぐに指示書を発行するようなMRP機能の限定的な利用が一般的です。

これでは、MRPが目標としてきたジャスト・イン・タイム生産には程遠く、仕掛品在庫の削減、欠品による製造工程の稼動停止抑制などは実現できません。MRPを有効に動かすために、担当者が調整に走り回るという本末転倒な姿になることもあるのです。

❦ MRP生産管理システムは納期遅れの管理が苦手

MRPにはもう1つ大きな問題があります。それは、想定した作業がどの程度遅れたかを見極めることが苦手なことです。

MRP生産管理システムでは、10日に作業完了予定の作業が10日になっても完了していないことはつかめますが、なぜ遅れたかまではつかめません。遅れの原因と言っても、予定工数よりも作業工数が多かったために遅れたのと、作業が滞留して順番待ちになっているために遅れたのとでは、納期遅延改善対策の方向性は大きく変わってきます。

また、MRPでは納期遅れが生じたときに、いつならそれができ上がるかを示すことも容易ではありません。これは、MRPはそもそも計画通りに生産するための仕組みだからです。

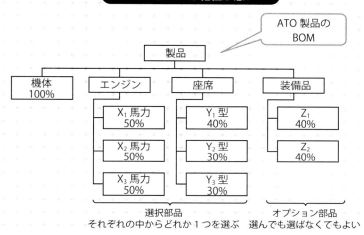

何を先行して手配するか難しい。うまく手配できないと、実際に組立する段になって選択部品やオプション部品の引当不可が続出し、生産管理担当者がパニックになることがある

納期遅れが心配される工場では進捗管理機能が欠かせない

受注生産工場の進捗管理では、計画（作業指示）と実績の乖離状況と各工程での滞留状況をリアルに監視することが求められる

○ 一般的な MRP は計画通りに製造するためのシステムであることから、納期遅れへの対応を苦手としている（納期遅れの原因まではわからない）
○ ロット番号で進捗管理できない MRP システムもある（ペギング機能があるシステムでも、共通部品補充手配設定だと製造途中でのロット番号管理はできない）

MRP は納期遅れが起きると、いつできるかわからなくなる

第 4 章　MRP 生産管理システムが生産の邪魔をする　　109

4-4 販売計画の精度が低いとMRPは機能しない

　MRP生産管理システムは、変更に弱いという弱点を持っています。そのため、先人はその弱点を補うために、数々の工夫を考案してきました。

　欧米では、日本のように現場の工夫による対応がしにくいため、変更発生を抑制しようとする取り組みに知恵が投入されました。その集大成が、MRPII（Manufacturing Resource Planning II：製造資源管理）[17]に組み入れられた需給調整の工夫です。

　MRP生産管理システムは、親製品の基準生産計画（MPS）が不安定だと調達部品計画の精度も高くなりません。MRP II では需給調整機能を強化することで、MPSを安定させようとします。

　日本ではMRPII鎖国状態と言われるほど、MRPIIの考え方は浸透していません。MRP II を解読した日本語の本すらありません。そのためもあって、日本製の生産管理パッケージでは、MRPIIの需給調整の工夫を取り入れているソフトは少ないようです。生産管理パッケージの導入を検討する際にはこの点に留意しましょう。

　次ページ下段の図は、MRPIIの需給調整の仕組みです。MRP計算の基準とMPSの精度を高めるための追加機能として、「ラフカット能力計画」「S＆OP」「ATP」などの需給調整に関する機能が新たに組み込まれています。

🦋 ラフカット能力計画とは

　「ラフカット能力計画」とは、工場の主要製造設備の製造能力と負荷状況を確認する仕組みです。これを使うことで、営業部門から工場が生産できないような無理なオーダーが入ることがないように、事前に調整します。ラフカット能力計画は工場全体の能力ではなく、制約工程の能力で負荷調整するのが一般的です。

17　MRP II は同じ「MRP」という言葉を使っていますが、MRPのリニューアル版ではありません。

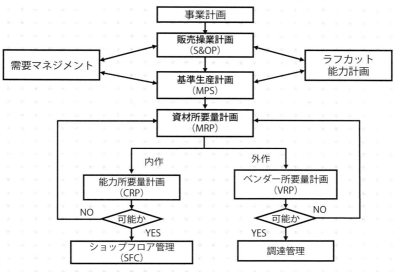

S&OP （Sales & Operation Plan）
MPS （Master Production Scheduling）
CRP （Capacity Requirements Planning）
VRP （Vender Requirements Planning）
SFC （Shop Floor Control）

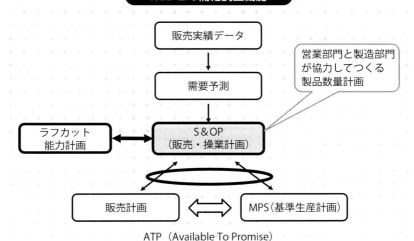

ATP （Available To Promise）

第4章　MRP生産管理システムが生産の邪魔をする　111

🦋 S&OP（Sales & Operations Planning：販売操業計画）とは

「S&OP」とは、営業部門と製造部門が共同でつくる基本計画で、主要製品の数量計画数字が策定されます。S&OPの計画数字は、そのままMPSの製造手配数につながっていきます。営業部門と製造部門が共同でS&OPを策定することで、両者一体となった工場運営ができるようになります。

さらにS&OPによって、製造業の営業部門も工場の稼働に対して責任を持っている、という意識づけが期待できます。海外企業では、S&OPで作成した数字を代理店や協力会社に伝達することも行われています。

🦋 ATP（Available To Promise：販売可能数量）とは

「ATP」は、MPSでつくられた製品手配計画から受注引当数（予約数）を引いたものです。ATPを使うと、あとどれくらいの数量が販売可能な状態で残っているか、を見ることができます。ATPによって、営業活動をMPSと連携させることができるようになります。ATPは日本ではあまり聞き慣れない用語ですが、ATPに類似した納期調整の仕組みを利用している企業は日本でも数多くあります。筆者が在籍していたNECでは、「販売枠注残検索」と呼んでいました。

欧米の最終製品メーカーでは、これらの需給調整機能を駆使することで生産管理の基準となる製品の基準生産計画、さらにはそのベースとなる販売計画の精度を高めようとしました。この発想は、MRPIIからERPへも受け継がれています。

しかし、日本の製造業界では、需給調整の機能はあまり重視されていません。受注生産企業が多い日本の製造業の場合は、自らの販売計画よりも取引先企業の都合が優先されることが多く、販売計画やMPSの精度向上がなかなか進みにくいためではないかと考えています。

🦋 DDMRP（Demand Driven MRP：需要主導型MRP）

欧米の最終製品メーカーでは、MRPの弱点を補完するために、DDMRPという仕組みに注目しているようです。DDMRPは、サプライチェーン上の需要変動に対応させるための仕組みです。いくつかのERPにも搭載され始めていますが、受注生産中心の日本の製造業者に役立つものかどうかはまだよくわかっていません。

ATP（販売可能数量）を活用する

期間	在庫	1週間後	2週間後	3週間後	4週間後	5週間後
生産計画数 （MPS）	100	20	30	30	30	30
受注引当数 （予約数）	95	15	30	25	30	10
販売可能数 （ATP）	5	10	10	15	15	35

ATP（Available To Promise）＝生産計画数－受注引当数

需給調整が機能していないと

第4章　MRP 生産管理システムが生産の邪魔をする

4-5 MRPの限界がスケジューラーを生み出した

　MRPは、部品の調達（製造）リードタイムの確定が難しいことが問題と紹介しました。製造工程のリードタイムは、製造ロット数や製造工程の負荷状況によって大きく変化するにもかかわらず、MRPのリードタイム設定は常に固定数字を設定するようになっています。この状態では、実際に部品が必要時期に手に入るかどうかわかりません。欠品状態を起こさないようにするために、わざと長めのリードタイムを設定するようなことも行われます。これでは、必然的に在庫は増える可能性があります。

🦋 MRPは製造工程の能力管理がしにくい

　また、そもそもMRPには、製造工程の負荷状況を管理する機能はありませんでした。手配が必要となる部品は製造能力に限らず、すべてつくれる前提で、各製品の製造計画を積み上げます。この考え方を「無限負荷山積み方式」と呼びます。

　「無限負荷山積み方式」のMRPだけでは、平準化生産によって工場の稼働状態を高い状態に保つことができません。また、工場の潜在能力を最大限に発揮させることも十分にはできません。これは、MRP生産管理システムを利益を生み出す工場を実現するためのツールとして使うには、力不足であることを意味します。

　その後、CRP（Capacity Resource Planning：能力所要量計画）と呼ばれる機能が考案されました。CRPは、各工程の製造能力を超えた場合は手作業で納期調整し、負荷の山崩し作業を行います。この方法を「有限負荷山積み方式」と呼んでいます。

　MRPの結果でCRPを実施し、変更があったら再度MRPを回す方式を繰り返して、計画精度を上げていきます。これを「クローズドループMRP」と言います。メインフレーム上で動いていた初期のMRPパッケージには、クローズドループMRPを搭載していたものが多数ありました。

　ただし、CRPが山崩し調整できるのは当該工程だけです。当該工程の納期調整をすれば当然、前後工程にも影響が出てきます。CRPは、そこまでは考

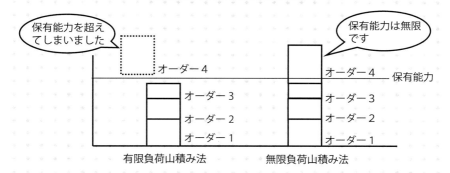

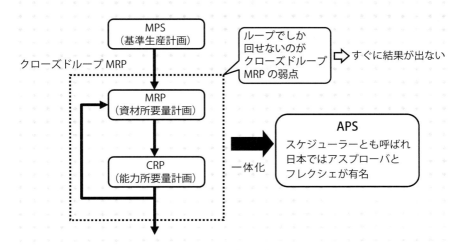

第 4 章　MRP 生産管理システムが生産の邪魔をする

慮してくれません。

　しかも初期の性能の低いコンピュータでMRP計算やCRP計算をすると、非常に時間がかかりましたので、簡単にクローズドループ計算させることはできませんでした。結局、CRPによる負荷調整は浸透せずに、ほとんど使われなかったようです。

🦋 生産スケジューラーへの期待

　CRPがうまく機能しなかった負荷調整問題を解決する手段として期待されているのが、APS（Advanced Planning & Scheduling）と呼ばれる生産スケジューリングソフト（以下、スケジューラー）です。TOC（制約条件理論）のDBR（Drum Buffer Rope：ドラムバッファロープ）スケジューリング理論や遺伝アルゴリズムなどのシミュレーションロジックなどを用いて、短時間で効率的な製造スケジューリングが計算できるようになっています。

　スケジューラーは当初数千万円以上しましたが、現在は日本製の安価なものも販売されています。また、スケジューラーを搭載している生産管理パッケージもあります。スケジューラーを使うことで負荷調整が簡単に行えるため、生産計画の精度は確実に高まります。また、製造工程の稼働率向上により、利益を生み出す工場に変えていくこともできるようになります。

🦋 スケジューラーは何をするシステムなのか

　そもそもスケジューラーは何をするシステムかと言うと、製造工程の流れ（工程順ペギング）に沿って有限負荷山崩しした調整結果を、製造ロット単位で次々と反映させるための計算をする仕組みです。

　初工程着手から順次調整して反映させていく形を「フォワードスケジューリング」、完成予定納期から前倒しで反映させていく形を「バックワードスケジューリング」と呼んでいます[18]。

　市販のスケジューラーには、さらに関連部品の到着や優先順位や段取り替え時間などを柔軟に設定する機能、スケジューリング結果をわかりやすく画面に表示する機能、自動ではなく手動で山崩し調整をする機能などの付加機能もついています。こうした機能を駆使することで、柔軟かつ精度の高い製造計画を簡単に策定することができると言われています。

18　MRPは、無限負荷山積みによるバックワード計画策定ロジックです。

工場にとって大変魅力的なスケジューラーですが、日本の製造業者での本格活用はまだあまり進んでいません。せっかく導入したのに、ホコリをかぶってしまっている工場も散見されます。スケジューラーを使いこなすためには、各製造設備や製品の標準製造時間や製造能力などのマスターデータのブラッシュアップが求められます。

　ところが、日本の製造業者には、それが的確にできるだけの現場業務知識を持っているスタッフが揃っておらず、スケジューラーを効果的に動かすだけのマスターデータの整備自体が難しいようです[19]。この状態では、せっかくのスケジューラーも宝の持ち腐れで、精度の高い製造スケジュールを導き出すことは不可能です。

　さらに「ロット紐づき生産、変動リードタイム計算」を基本とするスケジューラーと「在庫補充生産、固定リードタイム計算」を基本とするMRPは相性が悪く、同時に利用しようしてもうまく連携ができません。その違いを理解せぬまま、ベンダーの提案に乗せられて「MRP＋スケジューラー」というようなおかしなシステムを導入し、使いこなせない工場もあるのです。

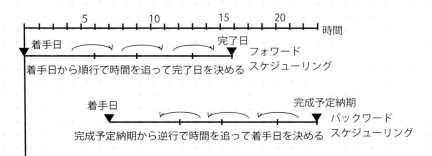

フォワードスケジューリングとバックワードスケジューリング

両方が重なると、その時間では生産できないため納期遅れが発生する

19　実績データから標準時間を生成する機能があり、スケジューリングをサポートするシステムもあります。

4-6 MRPを工程管理に使ってはならない

　MRPを加工工程の補充手配に使っている工場があります。MRPの多段階BOMに工程を記述すると、工程の流れに合わせて補充手配数量が計算できます。それで部品加工指示を出そうとするものです。
　この考え方では、最終工程の完成納期を起点に、前工程の必要数量と必要時期を各工程リードタイムで前倒しして次々と計算していきます。

❀ MRPによる加工指示は機能しない
　部品加工会社が一般的に使っている製造ロット番号管理には、現場の自由度が高まりすぎて効率的な生産がしにくいという問題がありました。かんばんは、その問題を抑制するためにできたものですが、MRPによる加工工程指示にも同じ抑制効果があるということで、期待が集まりました。
　ところが、MRP加工指示はうまく機能しません。MRPのタイムバケットは日単位以上が基本ですが、加工工程では粗すぎて使えなかったからです。またMRPは、能力計画に対しては無限負荷山積みを前提に計算しているため、各工程に製造余力がないと計画通りにつくれない問題も生じました。
　さらに実際の加工現場では、製造能力不足、現場の指示ミス、前工程の製造遅れや完了入力漏れ、品質不良、製造歩留り、設備故障、納期変更（特急手配）などの要因が重なり、MRPの計画通りに製造ができないのも日常茶飯のため、まともな生産指示は期待できません。工場現場はMRPの指示で製造するのをあきらめざるを得なくなり、現場班長が生産一覧を見ながら、個別に設備や時間指定する形で製造している工場がほとんどとなります。

❀ 欠品時の修復機能も期待できない
　欠品問題が生じたときのMRPのリカバリー機能は貧弱です。工程前の在庫が1個でも不足して引き当てができないと、対象部品の加工指示はエラーになり、担当者はエラー処理に追われて生産計画どころではなくなります。また、MRPのロットまとめ機能を利用した部品在庫補充生産にすると、製造ロット番号によるペギング進捗管理もできなくなり、どこで納期遅れや滞留している

か、あるいは製品がいつ完成しそうかなどを追いかけることができません。

MRPによる加工指示は、まともに生産できないと言っても過言ではありません。MRP手配している加工工場は、すぐにMRP手配を止めることを推奨します。

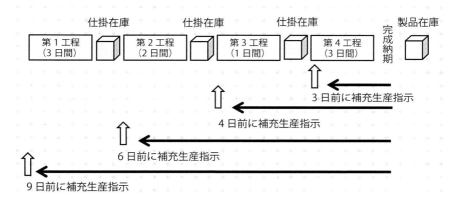

➡ MRPでは日単位での日程計画が基本となる

MRP工程指示の問題点

○ 予定日までに前工程の作業が完了しているか、工程前に仕掛在庫がないと補充生産指示が出ても生産できない
○ 時間単位での製造時間管理が必要な製造には使いにくい
○ MRPの日単位リードタイム設定では製造リードタイムが長くなりすぎる
○ 急に製造工程を変えたり、外注会社に変更する対応がとりにくい
○ 欠品リカバリーの表示や指示が生産管理担当者の作業を増やす
○ ペギング機能が弱く、製造ロット番号で進捗管理できないシステムもある
○ ロットまとめを前提にすると製造ロット番号では管理できない
○ 補充が前提だと実際のリードタイムを把握できない
○ 工程間滞留時間の影響がつかめない
○ どこかの工程で納期遅れが起きると、いつ完成するかがわからなくなる
○ 共通部品手配をしているとロットトレースが複雑になる

4-7 大企業が展開する新しいMRP活用法

　日本の大企業の間では、新しい利用方法が広まっています。MRPにはタイムフェンスが徹底されないことや、調達リードタイムの精度不足によって当初の計画通りの部品が手に入らないケースが生じる可能性がありました。
　そのためもあって多くの工場が、MRPの計算結果をそのまま部品手配に用いることは難しいと判断しました。MRPと言いながら、実際は部品展開計算機能だけに限定して利用する工場がほとんどとなりました。

🦋 内示の計算にMRPを利用する

　そこで新たに出てきたのが、MRPを内示に利用する考え方です。大企業の納品指示ではMRP直接ではなく、製造工程の進捗に合わせてつくった取込指示書を使って行う工場が増えています。しかし、部品会社にいきなり取込指示書が回ってきても、すぐに対応することは困難です。そのため、前もって部品会社に部品調達内示情報を伝達しておくようにします。
　この部品調達用の内示情報数字の算出に、MRP計算を使うのです。MRPで計算するのは内示情報数字のため、タイムバケットは1カ月、1週間の単位で数量計算すれば済みます。ロットサイズや部品製造の製造能力はそれほど考慮しなくても構いません。内示情報はあくまで目安で、タイムフェンスに対しても神経質になる必要はありません。この情報で調達するわけではないため、欠品監視も不要です。

🦋 受注生産企業には難しい

　ただし、この方法が運用できるのは、精度の高い生産計画を立案できる最終製品メーカーのみです。受注生産企業の場合は、いくらMRPで内示情報をつくっても、変動するだけで役に立ちません。
　MRP内示情報利用が浸透するにつれ、今度は内示変動問題が顕在化するようになりました。今までは確定発注で対応してきた受注生産企業が、流行に踊らされて「内示情報＋取込指示」という形での運用を始めたことで、下請部品会社の生産が立ちいかなくなるケースが増えています。

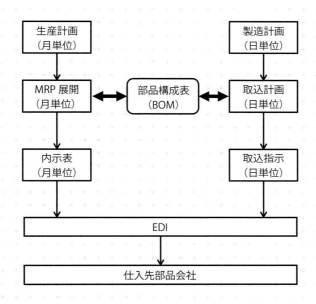

内示表と内示変動の例

時期	2ヵ月前内示	1ヵ月前内示	当月内示	出荷実績	実績-2ヵ月前内示	実績-1ヵ月前内示	実績-当月内示
2017年10月	20,000	18,000	15,000	12,000	▲8,000	▲6,000	▲3,000
2017年11月	16,000	12,000	5,000	3,000	▲13,000	▲9,000	▲2,000
2017年12月	10,000	10,000	5,000	6,500	▲3,500	▲3,500	1,500
2018年1月	10,000	8,400	6,000	5,000	▲5,000	▲3,400	▲1,000
2018年2月	10,000	8,400	5,000	3,200	▲6,800	▲5,200	▲1,800
2018年3月	10,000	8,400	8,400	6,800	▲3,200	▲1,600	▲1,600
2018年4月	10,000	6,000	6,000	4,900	▲5,100	▲1,100	▲1,100

内示を信じて生産すると工場は混乱する

4-8 思い切ってMRPは使わない

　MRPは日本の製造業者、特に受注生産メーカーが使うには厄介なシステムです。ところが、日本の情報システム関係者には「生産管理システムと言えばMRP」と信じて疑わないシステム関係者がいます。彼らのMRP偏重が、日本の工場の生産管理を混乱させているのです。
　システム会社がMRPの呪縛にとらわれているからと言って、ユーザー企業までそれに合わせる必要はありません。ベンダー提案を鵜呑みにするのではなく、自社に最も適した生産管理システムを選択するようにしましょう。

❦MRPではない生産管理パッケージを使う
　混乱を防ぐためには、安易にMRP生産管理パッケージを使わないことです。「製番管理や製造ロット番号管理にも対応できます」とアピールするMRP生産管理パッケージも使わない方が無難です。こうしたパッケージにはMRPの制約が残っていることがあり、かえって生産が混乱する可能性があります。

❦スケジューラー中心のシステムにする
　生産管理パッケージを中心に考えるのではなく、スケジューラーを中心に考えるのも1つの選択肢です。ただし、スケジューラーはペギング（ロット紐づき）を前提とする仕組みですので、ペギングを前提としないMRPロジックとは相性が良くありません。MRPにスケジューラーを付加するというシステム業者の提案には注意しましょう。
　生産管理パッケージではなく、「6-5」項で紹介する超高速開発ツールとスケジューラーを組み合わせてオリジナル生産管理システムを構築するアプローチもあります。
　超高速開発ツールを使えば、パッケージをカスタマイズしてシステム構築するよりも、短期間かつ安くシステムを構築できます[20]。生産管理システムの刷新はやめて、現状のシステムを工夫しながら使うというアプローチも考えられます。

20　たとえば住友電工の生産管理システムは、超高速開発ツールを使った個別開発が中心と言われています。

MRPの問題点整理

- MRPは計画変更が多いと対応が難しい
- 固定リードタイムしか設定できず、柔軟な計画がつくれない
- 調達リードタイムの精度を高くしないと機能しない
- MRPは部品の欠品が起きると対応が難しい
- MRPを動かすには十分な安全在庫が必要である
- MRPでは製造途中での紐づけができないことがある
- MRPは製造負荷管理が苦手である
- MRPは進捗管理や納期管理が柔軟にできない
- スケジューラーとの親和性が低い

MRPの呪縛から逃れる方策

- MRP生産管理パッケージは使わない
  - 中堅・中小企業向生産管理パッケージにはMRPではないパッケージも多く存在する
  - MRP以外にも対応できると称しているMRPパッケージは、MRPの制約が残っている可能性があるため注意する
- スケジューラーを中心とした生産管理システムにする
  - MRPとスケジューラーの組合せは相性が悪く、利用には気をつける
- 超高速開発ツールを使って個別開発する
  - システム開発は簡単にできるが、システム設計を誰がするかがポイントになる
- 現行システム(生産伝票発行機?)をそのまま使う
  - 現状で特に大きな問題がないなら、これも選択肢になる

column

システムベンダーに思いが伝わらない？

　システムベンダーの技術者が持つ生産管理の実務知識レベルが落ちていると感じることはありませんか。

　「昔は、システム会社の技術者に困っていることを打ち明けると、一緒になって解決策を考えてくれた。ところが、今のシステムベンダーの技術者に頼っても、パッケージの機能の説明はしてくれるが、肝心の使い方の相談には乗ってもらえない…」

　「使い方はユーザ企業側の問題」という態度に徹する技術者が多く、何となく話が噛み合わないと感じている人も多いようです。これは生産管理パッケージの普及とともに、技術者の役割が変わったことに原因があります。昔の技術者はシステム開発作業が仕事の中心でした。システム開発作業のためには、相手の業務内容や悩みの理解は必須事項でした。

　ところが、現在の技術者の役割はパッケージの導入作業です。パッケージをどう使えばシステムが動くのかという支援業務が中心です。したがって、技術者は顧客の業務内容よりも、パッケージの機能やデータ構造の理解が問われることになります。この状態で生産管理システムの活用をシステムベンダーに相談しても、適切な回答を得ることはできません。昔と今ではパッケージのつくりだけでなく、SEの立ち位置も変わっています。本書を執筆しようとした背景には、このような時代の変化があるのです。

第 5 章

生産管理システムへの疑問

　本章では、生産管理システムを利用したり導入したりするときに、関係者が感じることの多い疑問点について掘り下げていきます。このような疑問は生産管理の教科書を読んでもわからないことが多く、導入現場で初めて直面して戸惑う人も多いようです。事前にこれらの疑問について知っておかないと、いざ問題にぶつかったときに、何をしたらいいのかわからなくなります。それが日本の工場の生産管理システムを"生産伝票発行機"状態にしたり、スケジューラーにホコリをかぶらせている要因につながっています。

5-1 受注生産企業に生産計画機能は必須か

　日本の製造業者の大半は、取引先からの注文に応じて生産する受注生産メーカーです。中でも、特定取引先に依存する下請型の中堅・中小部品メーカーが数多く存在します。

🦋 日本の製造業者の大半は受注生産メーカーだ

　受注生産の場合は、取引先からの注文や内示情報に基づいて生産するのが普通のため、計画策定よりも取引先からの指示に従って着実に生産することを第一義としています。自社に生産計画を立てる風土がない企業もあるほどです。この状態にある受注生産工場の生産管理システムでは、生産計画策定よりも生産進捗管理が重視されるのが通常です。

　それでは、受注生産企業に生産計画は必要ないでしょうか。この問題を考えるためには、「計画」とは何かについて整理が必要です。計画は、何らかの形で予測された数字に対し、責任者がその実現のための活動を意思決定するものです。

🦋 受注生産企業の生産計画

　最終製品を販売計画に基づいて生産している企業の場合は、営業部門が策定（意思決定）した各製品の販売計画数量に対して、工場がどこまで製造できるかを検討し、意思決定した数字が生産計画数字です。

　受注生産企業の場合は、販売計画ではなく顧客が注文した生産数量通りに製造できるかどうかを工場が検討し、意思決定した数字が生産計画数字です。販売計画起点の計画とは異なり、手配数量や納期は注文で、確定しているため調整の余地はあまりありません。注文をこなすのが中心で、綿密な生産計画は必要ないように見えます。

　しかし、いくら注文が確定しているとは言っても、注文数量の変動が激しい場合は製造能力が不足して計画通りに製造できなかったり、工場が空き状態になったりする可能性が生じます。この状態では、十分な利益を確保することができません。確定受注で生産しているメーカーでは、生産変動問題をどう解決

```
┌─────────── 受注生産メーカー ───────────┐
■ 取引先からの注文を受けて設計し製造する（造船、プラント、専用機械）
■ 取引先からの注文により繰り返し製品を製造する（部品会社、特殊産業機械）
■ あらかじめ部品を用意し、注文に応じて組み立てて納品する（工作機械）
■ 取引先からの注文により準標準品を生産する（OEM品、PB製品の製造）
■ 取引先からの注文により設計やソフト開発を実施する（設計会社、ソフト開発業者）
■ 取引先からの注文により役務（サービス）を提供する（構内外注）
└──────────────────────────────────┘
```

○ 中堅・中小の部品メーカーが受注生産メーカーの代表として多数を占めている
○ 受注生産メーカーの売上や利益は取引先の動向によって左右されやすい
○ 安定取引先がある受注生産は事業リスクの少ない商売だが、利益管理（生産変動対策）がうまく機能しないと継続的に儲けていくことは難しい

計画は責任者の意志決定が欠かせない

するかが生産計画策定時の重要ポイントになります。確定受注数字を調整して効率的な生産を行うことが計画の中心と言えます。

ところで、変動が多い工場ほど生産管理システムやスケジューラーによる生産計画策定に期待する傾向がありますが、ただシステムを入れただけでこの問題を解決できるとは限りません。まずは、自社の生産実態やリードタイム実態の数値分析を行うことから、始めることが大切です。

生産計画策定で悩ましいのは、確定受注がきてから生産していたのでは納期に間に合わない製品を製造をしている受注生産企業の場合です。取引先からの内示情報の精度が高ければよいですが、精度どころか内示数字を頻繁に変更してくる取引先もあります。この場合は、自社で先行生産計画を策定する必要が出てきます。

ただし、どの時点の情報をもって意思決定すればいいかがはっきりしません。こうした製品の工場ほど、営業の行動を問題視する傾向があります。解決策は、営業が生産量を約束することと主張する工場関係者がいますが、それは責任転嫁にすぎません。そもそもは発注元の管理に問題があるから起きていることで、営業に約束を期待しても意味がないのです。

営業にできることは、先方の内部情報をつかんでくることくらいです。しかし、内示が変動するような企業では、先方の資材部担当者ですら自社の内示変動や今後の生産予定情報をつかんでいないこともあります。

約束ができない状況を補うために、過去の実績情報と取引先が公表している情報などを用い、独自に予測の精度を高めて生産計画を策定する受注生産企業もあります。

🦋 取引先によって生産計画のつくり方を分ける

いずれにしろ、実際の工場にはさまざまな形態の製品が流れています。まずは取引先もしくは製品単位で、生産計画までの流れを整理しましょう。

代表的な流れは、次ページ上段に示した図のパターンです。営業部門に協力してもらって情報の流れを整理するとともに、各情報の精度に関しても分析するようにします。流れや精度の整理のためには営業部門の協力は欠かせません。

受注生産は、安定した取引先を抱えていればリスクの少ない商売です。ただし、取引先からの発注量の変動によって売上や利益が左右されやすく、独自での利益管理を苦手としています。生産計画はそれを補うためのものです。

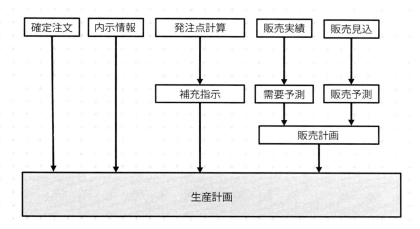

誰が計画に責任を持つのか

確定注文で生産	→	発注者
販売予測、販売見込で生産	→	営業部門
発注点で補充生産	→	在庫管理部門
工場による見越し生産	→	工場部門
内示情報で生産	→	あいまいになりやすい

5-2 原価管理が生産管理の邪魔をする

「3-6」項で、いくら個別原価管理を強化しても利益は増えないという話をしました。原価を意識しすぎることが、生産管理の効果を邪魔することもあります。本項ではその問題を紹介します。

工場が生産管理システムを活用する目的として、「納期対応のためのリードタイム短縮」「工程間の滞留をなくす」「生産変動を抑制して生産平準化する」などを掲げることも多いと思います。これらの生産管理システムの活用目的と原価管理の基本アプローチとは、相性がよくありません。むしろ原価管理は「百害あって一利なし」と言えます。

🦋 リードタイム短縮に逆効果に働く

工場が製造リードタイムを短縮するための基本がロット分割です。製造ロットを小さくすれば、効率良く製品を流せるようになり、製造リードタイムも短くなります。

ところが、製造ロットを小さくすると段取り替えの回数が増えるため、生産効率や製造原価は悪くなります。製品の製造原価低減にこだわる製造現場ほど、ロットを小さくするのに反対しがちです。

🦋 滞留対策が軽視されやすい

製造リードタイムでは、待ち時間が製造時間の何倍もの時間になるケースがあります。この場合は、いくら製造時間を短縮しても待ち時間を短縮できない限り、製造リードタイムは短くなりません。

原価管理のターゲットには、工場内での待ち時間は通常入っていません。そうしたことから、コストダウン活動を重視する工場では製造時間の短縮ばかりに目が行き、待ち時間対策は軽視されがちです。

🦋 実績入力が嫌がられる

原価管理も進捗管理も、製造現場が実績を入力することが前提となっています。原価管理目的の実績収集は、詳細なデータを求められることが多く、現場

での実績入力が拒絶されることがあります。その結果、進捗管理でさえままならなくなることがあります。

🦋 生産平準化が進まない

生産変動が起きると作業時間が増減するため、本来は製造工数単価も変化します。ところが、多くの工場の工数単価設定は、期初に設定した製造工数単価で原価計算しています。期初単価を使って製造原価を計算すると、原価は製造時間の長短だけに左右されるように見えます。

原価低減活動から変動抑制視点が薄れ、製造現場はただ生産効率を上げればよいと錯覚する人が出てきます。本来は、生産管理システムを駆使して生産平準化を実現することで、利益を上げることが重要です。原価計算にこだわりすぎると、この視点が欠けてくるのです。

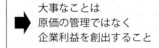

第5章 生産管理システムへの疑問　　131

5-3 在庫削減を推進したら利益が減った

　製品在庫や仕掛品在庫を削減するために、生産管理システムを導入することはよくあります。しかし、それによって利益が減ることがあるのです。

🦋 製造費用は売上原価と在庫に分割される

　財務会計計算では、工場で製品をつくったときにかかった製造費用（労務費、設備費用など）が、そのまま売上原価に算入されるわけではありません。製造費用は、その決算期に売った製品の売上原価と、期末に残った在庫品の売上原価に配賦されます。製造費用総額は一定のため、当期末の在庫金額が前期末の在庫金額より減ると、当期の売上製品に配賦される分の売上原価は増える形になります。

　営業利益は、売上高から売上原価を引いたものです。売上原価が増えれば利益は減ることになります。その結果、当期末在庫金額が前期末よりも減ると、営業利益が減る形になります。生産管理システムの活用が進んで当期末の在庫金額が減ると、この問題が表面化してきたのでした。

　ただし、この問題は在庫が減った期間だけの話です。在庫金額が変化しなければ、利益の減少は起こりません。

🦋 在庫金額の操作は禁断の果実

　この仕組みを在庫削減以外に、期末の決算対策に利用している企業もあります。そうした企業では、当期末が近づくと経営者や経理部が工場に生産増を指示し、在庫品の積み上げを求めてきます。

　経営者からこうした増産指示が出ると、せっかくの生産管理システム活用による在庫削減目標は無意味なものとなります。これは、在庫削減を旗印に取り組んできたプロジェクト関係者の士気を低下させてしまいます。

　在庫金額の操作による利益捻出は、粉飾会計の手段としても知られています。在庫積み上げは、製品を前倒しで生産しなくても在庫金額を増やすだけで利益は増加します。これは粉飾決算です。

在庫による利益変動に気をつける

生産管理システムを構築して在庫削減したことで、一時的に利益が減る可能性がある

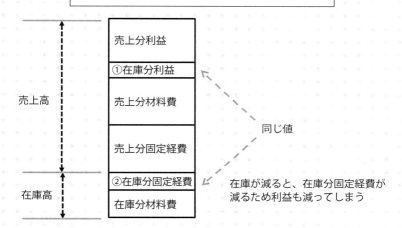

製造業の財務会計における在庫利益変動

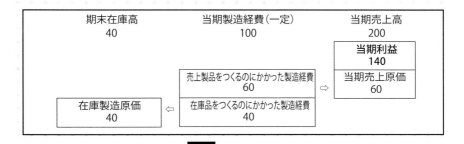

期末在庫高を20減らすと利益も20減る

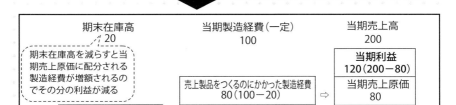

第5章 生産管理システムへの疑問

5-4 スケジューラーを使うとリードタイムが長くなる

　工場の生産管理ツールとして期待されているシステムに、スケジューラー(「4-5」項)があります。スケジューラーの導入を検討する工場が増えています。

　ところが、スケジューラーを導入したものの、うまく活用できずにいる事例をよく目にします。スケジューラーは、使いこなすだけでも相当な手間がかかることを覚悟しておきましょう。次ページ上段に示す表のようなことが実現できている工場でないと、スケジューラーはうまく機能を発揮しません。

　標準作業時間の精度向上はとても重要です。標準時間の精度が不十分なままスケジューラーを導入しても、計算通りに生産することはできません。ただし標準作業時間以上に重要なのは、現場が指示通りに動いているかどうかです。それが担保されない状態で、スケジューリングをしても無意味です。ところが、この問題を度外視してスケジューラーを導入する工場があります。スケジューラーを検討する前に、「2-4」項で紹介した"リードタイム分布分析"を実施し、製造現場の実態をつかむようにしましょう。

🦋 スケジューラーを使うデメリット

　スケジューラーの導入においては、スケジューラーを使うとリードタイムが長くなりやすいことに注意が必要です。人的作業が多い工程やチョコ停(短時間の稼働停止)の起こりやすい工程では、正確な標準作業時間を設定すること自体が困難です。スケジューラーには、納期遅れを起こさないように余裕を持った標準作業時間を設定します。

　ところが、設定に余裕時間を盛り込むと、余裕時間の蓄積によりリードタイムが長くなります[21]。スケジューラーによりリスケジュールすることで、納期遅れが固定化されることもあります。ほとんどの工場では、スケジューラーの計画よりも製造現場が先入れ先出し(FIFO)を徹底し、生産した方が早くつくれることでしょう。

21　この問題はMRPでも起きます。

スケジューラーを使いこなすための前提条件

①部品表や標準作業時間などのマスター数値の精度が十分な状態にある
②現場がコンピュータからの指示通りに動いてくれる体制になっている
③計画変更発生時のリカバリーが簡単にできるようになっている
④製造ロット番号でのペギング(紐づけ管理)ができる
⑤MRPやかんばんによる工程補充型生産を見直す

安易にスケジューラーを導入して使いこなせない企業が増えている

スケジューラーやMRPはリードタイムが長くなりやすい

- 突発対応のために各工程の標準時間設定には余裕時間を入れる
- 余裕時間のために次工程の計画上の作業開始は遅れる

| スケジューラー | 実時間 | 余裕 | 実時間 | 余裕 | 実時間 | 余裕 |

| 先入先出生産 | 実時間 | 実時間 | 実時間 |

スケジューラーは余裕時間の管理が難しく、
実際よりも計算リードタイムは長くなりやすい

➡ 自動スケジューラーによるスケジューリングが役に立たないと問題視される主因になる

納期に余裕のある製品の場合はよいですが、シビアな納期対応生産を余儀なくされている工場では、これでは役に立ちません。スケジューラーを入れたことで納期遅れが発生することもあります。その結果、スケジューラーは役に立たないという声が幅を利かせるようになり、ホコリをかぶることになりかねません。

🦋 スケジューラーが外部流出を増やした

「3-7」項で、生産管理システムで負荷オーバーがわかるようになり、外注量が増えた工場の話をしました。スケジューラー上でリードタイムオーバーとなったからと言って、要求納期までに現場がつくれないわけではありません。スケジューラー利用でも事例と同じような誤った判断を起こす心配があります。

🦋 自動スケジューリングは機能しない

スケジューラーを入れれば、自動でスケジューリングができると考えている人がいますが、これにも注意が必要です。

人手作業のほとんどない自動化工場であれば、自動スケジューリングも効果を発揮するかもしれません。しかし、自動化工場と言えども購買、構外物流、段取り替え、検査、外注作業などの作業は人手作業に頼らざるを得ません。溶接や塗装などの製造工程は熟練工に頼らざるを得ない工場も多く、人手が少しでも入るとスケジューラー通りに製造することは難しくなります。また自動化とは言っても、設備故障や製造ミスが多発していては、自動スケジューリングの意味をなしません。そのための余裕時間設定も必要です。

スケジューラーを入れたからと言って、いきなり自動スケジューラーに飛びつくのではなく、手動スケジュール補助から利用することが大事です[22]。

🦋 スケジューラーの活用方法

何となくスケジューラーを導入しただけで、具体的な活用方法が明確になっていない工場もあります。スケジューラーの導入を検討する前に、スケジューラーを使って何をしたいか、明確にするようにしましょう。

---

22 自動スケジュールしかできないスケジューラーはホコリをかぶる可能性が高いため、導入には気をつけましょう。

スケジューラーの活用目的

◆スケジューラーを使って何をしたいのかはっきりしていますか

1. リードタイムを短縮する（在庫を削減する）
2. MRP の計画では粗すぎて使えないので計画精度を高める
3. 負荷の山崩しをしたい（平準化生産を実現する）
4. 自動で計画をつくりたい（即座に納期回答をしたい）
5. 過去や将来の各工程の稼働状況を見たい

⇒ スケジューラーを使うことで解決できることを十分に検証しましたか？

スケジューラー選定時の注意事項

- 自動スケジュールだけでなく手動調整もできるシステムを選ぶこと
- スケジュール結果の表示や手動調整作業がわかりやすいこと
- マスター設定の柔軟性が高いこと（複雑な設定だけでなく、簡単な設定も簡単にできること）
- MRP との共存をあまりうたわないベンダーから購入すること
- 生産管理システムとのインターフェイスがしっかりしていること
- サポート業者が生産管理の実務知識をしっかりと持っていること
- 利用者数による価格追加が予算を超えないこと
- スケジューラーと称しているが、自動スケジューリング機能のないシステムもあるため注意する

5-5 なぜマスターの設定が重要か

　生産管理システムの運用において、マスターデータの設定が重要であることはよく知られています。しかし、それぞれのマスター設定が生産業務にどのような影響を与えるか、について紹介する資料はあまりありません。そこで、本項ではこの問題を取り上げます。

🦋 部品マスターと部品表

　生産管理システムの基本は、製品の生産に使われる部品の所要量計算と調達指示です。その処理をするために必要なのが、各部品の調達情報を登録した部品マスターと、部品構成を登録した部品構成表（BOM）です[23]。この2つのマスター情報が準備できていなければ、生産管理システムは機能しません。

　ETO（受注設計生産）型の製品では、設計部によるBOMの作成が間に合わずに、仮のBOM状態で部品調達することがあります。これは余剰部品在庫などを生み出す要因になりやすく、BOMをつくる部署（設計部）に対してBOMの重要性をよく伝え、正確なBOMを早くつくってもらうように、働きかけた方がよいのです。

　部品マスターは何万点、何十万点に上る工場もあります。こうした工場では、部品マスターのメンテナンスが滞ることもあるため注意しましょう。

🦋 最低ロットサイズ（数）の設定

　部品マスターに、調達や製造段階での最低ロットサイズ（数）を登録します。ロットサイズ次第で在庫量や製造効率は大きく変化するため、ロットサイズのメンテナンスは非常に重要です。

　対象製品を大量に生産している場合は、最低ロットサイズを大きく設定しても大きな問題になりにくいですが、生産量が減ったときにも最低ロットサイズが大きいままだと、在庫負担につながります。ただし初めからロットサイズを小さくしすぎると、段取り替えの増加によって製造効率が悪化したり、購入コ

23　BOMには部品構成を表したものだけではなく、製造工程を表した工程表や材料の配合を表した配合表（レシピ）などもあります。

生産管理システムのマスター例

■ リードタイム短縮、在庫削減、稼働率向上に影響する品目マスターデータ例

- BOM（部品構成表）
- 工程表
- 標準手配リードタイム
- 手配ロット数（ロットサイズ）
- 手配のタイミングやトリガー項目
- 標準製造時間
- 各設備の工程能力と生産可能時間
- 発注点、安全在庫数
- 歩留り率（不良率）

マスターメンテナンスの重要性が高いことが、生産管理システムが他の情報システムと大きく違うところです

マスター設定値の影響

マスター項目	設定値大小	影響
ロットサイズ	大きい	リードタイムや在庫は増えやすいが、単価や生産効率は低く抑えられる
	小さい	小ロット化はリードタイム短縮や在庫削減の基本アプローチ
リードタイム	長い	要求納期に間に合わなくなり失注しやすい
	短い	納期遅れが起きやすい
標準製造時間	大きい	計画段階で能力オーバーになって製造できない
	小さい	実際には時間通りに製造できない可能性がある
安全在庫数	大きい	余剰在庫が発生する可能性がある
	小さい	欠品が発生する可能性がある
不良率（歩留り率）	大きい	余分な製品在庫が発生し、余剰対策が必要となる
	小さい	欠品を起こす可能性がある

第5章　生産管理システムへの疑問

ストが高くなったりする心配が生じます。

🦋 標準リードタイムと標準製造時間の設定

　MRPを計画策定に使う場合は、マスターに生産もしくは調達時の標準リードタイム値を設定します。標準リードタイムの設定次第で、生産全体のリードタイムは変化します。

　この標準リードタイム値の決め方は非常に難しく、実際にどのような数字を設定したらよいか悩まれる方も多いようです。あまり大きな値を設定しすぎると、生産リードタイムが間延びします。逆に小さすぎると、実際の生産が追いつかずに納期遅れの多発が心配されます。

　プロジェクト理論的には、次ページに示したPERT分析図を使うのが推奨されています。こうした理論値と実際のリードタイム実績値を比較しながら、徐々に精度を上げていくことが求められます。

　スケジューラーの場合は、リードタイムではなく標準製造時間を設定します。標準製造時間は、リードタイム以上に決めるのが難しく注意しましょう。

🦋 安全在庫数の設定

　在庫切れを起こさないような運用が求められる製品の生産管理システムでは、安全在庫数をマスターに設定します。安全在庫数の決め方は、「2-1」項で紹介した安全在庫計算式を使ったり、あらかじめ定めた数量や日数を設定したりすることなどがあります。各社の安全在庫の運用方針によって変わります。

　安全在庫数も余剰在庫や欠品発生を誘発しやすいマスター項目ですので、頻繁にメンテナンスをすることが大切です。

🦋 歩留り率（不良率）の設定

　大量の部品を加工をするような工場では、製品は完成したのに製造不良などで必要数量が不足するようなことが起きます。

　こうした製品をつくっている工場では、製造ロット数に対して歩留り率（不良率）を設定し、あらかじめ余分に製造指示します。この数字の設定を誤ると欠品になることがあり、歩留り率の設定は非常に重要です。

　歩留り率を大きく設定しすぎると、今度は余った数量分の管理がややこしくなります。この辺りのさじ加減については、製造現場とよく相談して決めるようしたいものです。

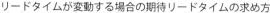

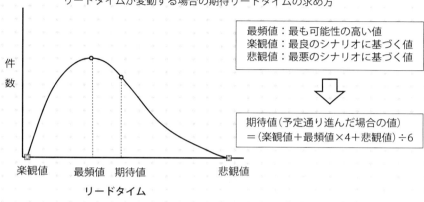

マスター設定や保守がおろそかになりやすい理由

○ 日常業務に追われ、マスター管理に時間を割く余裕がない
○ マスターを管理する担当者がはっきりしていない
○ マスターの話は自分1人では決められないため、手を出したくない
○ 今のマスターのままでも十分に生産できている
○ マスター項目や品数が多すぎて、どこから手をつけたらいいかわからない
○ 新しいマスター登録品が次々と生じて、登録が間に合わない
○ 前のマスター情報に問題があるので、どうしたらいいかわからない
○ マスター設定値の設定意図が不明のためいじれない(当時の担当がいない)

5-6 EDIが業務効率を悪化させる

　製造業者が取引先から注文データを受け取る方法は、電話やFAXが主流だった時代から、EDI（Electronic Data Interchange：電子データ交換）を使ったデータやり取りの時代に移りつつあります。
　EDIは、企業間のデータ伝達を情報ネットワーク経由で行う仕組みです。当初は、VAN（Value Added Network）や業界EDIセンターを利用する形態が一般的でした。最近は、インターネットによるFTTP転送やWebEDIを用いるケースも増えつつあります。EDIを利用することで受注データの入力作業が効率化できるほか、データの伝達ミスも減らすことが可能です。

❤EDIの普及に向けた課題
　EDIの普及に向けた最大の課題は、業界や企業ごとに利用している通信プロトコル（通信手順）がバラバラなことです。企業側はさまざまなEDIプロトコルに対応せざるを得ません。通信手段として、いまだにモデムやISDNを使っているところもあります。
　製造業界でのEDIでは、EDIでやりとりするデータの内容、データフォーマット、データのケタ数などが企業によって違うことも問題となっています。たとえば、通常の業界では当たり前にある注文番号ですが、繰り返し発注が中心の自動車部品業界では注文番号がないこともあります。

❤個性仕様は不具合の元
　EDIデータに自社独自の特殊納品情報（納品時間、納品場所、荷姿など）を追記して送付してくる会社もあります。内示数字の洗い直しをゼロクリアで行う会社と、差分で行う会社があれば、受け取る企業は混乱します。
　最近は、EDIデータではやりとりできない製品の取り込み情報を、EDIとは別にExcelファイルやCSVファイルを個別にメールしてくる大企業が増えています。これでは、何のためにEDIを利用しているのかわかりません。出荷現場は余計な工数ばかりが増え、納入業者のミスやコスト増を誘発する可能性があります。

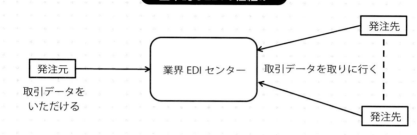

EDIの課題

- 業界や企業ごとに通信プロトコルがバラバラ
- いまだにモデムやISDNを使っている業界もある
- 企業によっては固有の取引データを送ってくる
- EDIとは別にExcel（CSV）ファイルを送ってくる
- 内示数字の取り扱いが企業によって違う
- 内示数字の変更がチェックされていない

EDI対応が情報システム費用を拡大させる

column

「上流設計が重要」には気をつけよう

　システム構築プロジェクトでは、現状分析、要件定義、RFP（提案依頼）作成、基本設計といったシステム構築の上流工程に当たる作業が重要と思われている方も多いと思います。そう主張するコンサルタントもいますし、プロジェクトマネジメントの教科書にもそう書かれていることが多くあります。

　しかし、これは本当のことでしょうか。そもそも現物（システム）に接してもいない上流工程段階で、新システムの運用イメージを的確につかめる人などどれだけいるでしょうか。システムは本来、使いながら育てていくものです。実際にシステムを使ってみて初めてさまざまな活用観点が見えてきます。

　上流工程が大事と言い出したのは、システム会社側が追加開発工数の費用を確実に回収するためでした。確かに個別スクラッチ開発のシステムの場合は、設計書がないと工数（費用）が増えやすいので、システム会社がこう主張するのも仕方がありません。

　しかし、現在の業務システム開発の主流は、「パッケージ利用」や「プロトタイプ開発」などによる小さくつくって大きく育てていく開発に移っています。上流設計工程にいくら時間をかけて仕様を詰めても、初期投資費用が膨れ上がるだけです。システム会社の提案を鵜呑みにして、高い上流工程費用を払う必要はありません。

生産管理システム活用に向けて気をつけること

　本章では、生産管理システムを使う際に遭遇しやすい問題を「事業環境問題」、「システム会社対応問題」、「ユーザー部門対応問題」の3つの切り口から紹介します。あらかじめこれらの問題を押さえてシステム導入したかによって、生産管理システムを活用する効果は大きく変わってくるのです。

　ここへ来て、生産管理システムに関するトラブルが急増しています。生産管理パッケージやシステム会社は、以前とは立場や考え方が大きく変化しています。昔はパートナーとして採算度外視で対応してくれたシステム会社でも、今はすべてお金が前提という対応をしてくるところもあります。

6-1 生産管理システムを取り巻く環境変化

　事業環境の変化によって生産管理システムの役割が変化している話は、本書でも何度か紹介してきました。現在、日本の製造業界を取り巻く環境は激変しています。そうした環境の変化が、生産管理システムの活用にどのように影響しているかを改めて整理します。

🦋 右肩上がりの経済成長ではなくなった

　日本の製造業界が直面している最大の環境変化は、右肩上がりの経済成長ではなくなったことです。高度成長が終わったのは約25年ほど前のことです。それからは、ポスト高度成長とも言える低成長時代が続いています。ところが、自社工場の生産システムや生産管理のあり方は20年以上前のままという工場も数多く残っています。

　一例を挙げると、現場の運用自由度が高く、生産管理システムが単なる"生産伝票発行機"のような状態にとどまっている工場です。こうした工場の製造現場では、納期さえ間に合わせればいいという形で、ムダな作業や在庫は放置され、部分最適生産が蔓延しているような状況にあります。在庫過多問題にしても利益問題にしても、生産増が何とかしてくれると考える人もいます。

　時代は経済成長でなくなりましたが、過去の工場風土をなかなか変えられない工場も多いようです。ところが、次に挙げる2つの変化がこの問題に終止符を打ちました。生産管理システムを活用した全体最適生産の実現が必須事項になってきたのです。

🦋 人手不足時代の到来

　工場にとっての最大の問題は、人手不足が深刻化したことです。日本の少子化問題は10年以上前から心配されていました。工場の海外移転や非正規雇用労働者の増加などもあり、工場現場ではそれほど大きな問題とは見られていませんでした。

　ところが2015年頃から、工場の人手不足が急速に広まってきました。特に高齢化による熟練工の不足が深刻です。高度成長期に工業高校卒として大量採

事業環境変化と生産管理システム

高度成長時代
- 生産量を増やすことが何よりも重要とされた
- 工場には管理能力に長けた熟練工がいて、自律管理が進んでいた
- 外注会社が系列化され、納入指示通りの納期で納品された

➡ 生産管理システムには生産指示を効率良く出すことが重視された

低成長時代
- 高度成長時代の惰性で運営され、工場の目標がはっきりしなくなった
- 社内、外注ともに生産余力があり、部品が調達できれば製造できた
- 海外調達の拡大により部品調達の納期管理が難しくなった

➡ 生産管理システムの中心は部品調達の管理だった

人手不足の時代
- 生産能力不足で生産指示通りにつくれない工程(外注)が続出している
- 熟練工がいなくなり、現場の工程管理が弱体化している
- 生産管理担当者が納期管理に追われ、生産管理知識の勉強不足

➡ 生産計画策定や生産進捗を支援する生産管理システムが必要

機械化工場の時代
- 生産量を確保できないと固定投資の負担が重荷になりやすい
- 過度な生産変動があるとつくれない事態が起きる
- いい意味での現場サバ読みがなくなるため柔軟な運営がしにくくなる

➡ 生産管理システムには生産平準化実現のためのサポートが求められる

用された熟練工の多くが65歳を超え始め、雇用延長も難しい状態となりつつあります。

さらに年収規制による主婦パートの勤務時間上限問題、外国人技能実習生に対する規制、IT業界などの他業界への若者の流出などから製造業界の人手不足が深刻化し、製造能力不足に悩まされる工場が急増しています。

こうした人手不足、能力不足に追い込まれた工場の生産管理システムは、伝票発行機状態ではすみません。生産管理システムを活用して生産計画策定段階や受注交渉段階で製造能力の調整をしないと、現場が混乱するだけでまともに生産することもできません。そこで、慌てて生産計画機能を強化したり、生産管理システムをつくり直したり、スケジューラーを追加導入したりする工場が増えています。

ただし、旧来の現場主導型の生産システムのままで新しい生産管理システムを導入しても、うまく機能するわけがありません。製造現場が生産管理システムの指示通りに製品をつくってくれるかどうかわからない状態で、システムだけを強化しても意味がありません。生産管理システムを見直す前に、製造現場がどのように生産しているかを確認すべきです。具体的に言えば、製造指示にはどう対応しているか、製造指示通りのリードタイムで製造できているか、在庫は十分に管理されているかなどです。こうした情報は、現在使っている生産管理システムからも最低限の内容は収集できます。

これらの情報を用い、自社の生産システムの実態を見極めてから、生産管理システムの構築に取り組むことが大切です。

🦋 外注が納期対応のリスクとなってきた

さらに注意しなければならないのは、外注会社との接し方の変化です。今まで日本の製造業者、とりわけ大手工場の購買や生産管理担当者の中には、下請外注工場の納期対応に関して甘く考えている人が残っています。外注会社の納期遅れがあったとしても、叱りつければ次からは納期を守ってくるという程度の認識の人もいます。生産管理システムも、外注会社は指示通りに納品してくることを前提としてつくられているものが多いようです。

人手不足問題がこの常識を変えつつあります。大工場でも人手を確保できないのに、中小企業の下請外注工場が十分な人手を確保できるのは望み薄です。下請工場の能力不足による納期遅延で、親会社の生産ラインがストップするようなことが複数の大企業で実際に起きています。

人手不足問題

- 少子化の影響で若年労働者が絶対的に減っている
- 高度成長期に入社した熟練工が退職時期を迎えた
- 年収制限があるため、主婦パートが残業してくれない
- 低成長時代の派遣社員依存により正社員が会社内にいない
- 工場は3Kや派遣職場イメージが強く若者が就職しない
- 外国人技能実習生が集まらない
- 工場労務者の給料を抑えすぎたために人が集まらない
- 事業承継してくれる後継者がいない

人手不足問題は大企業よりも中小企業の方が深刻です

外注会社の変化

今までの外注会社に対するイメージ

○ 外注会社は納期を守ってくるのが当然だ
○ 外注会社が生産を断ってくることはない
○ 代替外注会社はいくらでも見つかる
○ 納期が厳しければ外注会社が在庫しているはず

現在の外注会社問題（➡外注リスクの顕在化）

○ 人手不足は大企業よりも中小外注会社の方が深刻
○ 外注会社の経営者は常に廃業や転売を視野に入れている
○ 安定発注してあげなければ外注の経営が維持できない
○ リストラによって急な発注への対応力がなくなっている
○ 技術力のある外注会社は強気の交渉をしてくる

6-2 ブルウィップ効果に注意しよう

　受注生産メーカーが生産変動に悩まされるのは、親会社の発注姿勢だけに問題があるわけではありません。代表的な生産変動要因に、「ブルウィップ効果」という現象があります。

🦋 ブルウィップ効果とは

　ブルウィップ効果とは、サプライチェーン（供給連鎖）における需要のブレが、消費者側から上流側の企業に向かうに連れて増幅する現象を指します。カウボーイが使う革の鞭は、手元で少しひねると鞭の先端はとんでもなく大きく動きますが、それを消費者への販売時のわずかな需要変化が小売業者、卸売業者、製品メーカー、部品・材料メーカーとサプライチェーンを遡るに連れて増幅される様子になぞらえたものです。スタンフォード大学のハウ・リー教授が名づけ親と言われています。

　製造業者が生産計画を策定する上では、ブルウィップ効果を念頭に置いて計画策定作業に取り組む必要があります。特に、サプライチェーンの上位に位置する部品会社や部品の製造装置をつくる会社では、ブルウィップ効果の影響が大きく表れます。

　ブルウィップ効果が発生する原因は主に2つあります。1つは、「ロットまとめ納品」の問題です。商店で消費者が商品を1つずつ買ったとします。卸売業者（問屋）から商店への商品納入や、メーカーから卸売業者への商品納入がロット数量単位で行われていた場合は、ロットまとめによって需要変動が起こります。

　一般的にサプライチェーンを遡るほど納入ロット数量は大きくなり、需要変動は徐々に増幅されるのが通常です。

　大量の商品が日常的にコンスタントに売れている状態にあれば、ロットまとめによるブルウィップ効果の影響はほとんど無視できます。しかし、販売量が少ない商品や、大きな販売変動が起きることの多い商品の手配では、ロットまとめによるブルウィップ効果は無視できません。

　ロットまとめによるブルウィップ効果に対する対策が、1個流しに代表され

サプライチェーンと製造業者の位置づけ

```
           製造業者の世界
         ┌──────────────┐
材料   →  材料  →  部品  →  製品  →  卸売  →  小売  →  消費者
供給      加工     加工     組立     業者     業者
```

商品供給の流れ（サプライチェーン）

① 最終製品会社（製品組立工程中心）
② 最終製品会社（製品組立＋一部部品加工）
③ 汎用部品会社（部品加工工程中心）
④ 部品加工会社（部品加工工程中心）
⑤ 材料製造会社

> サプライチェーン全体をカバーする企業はほとんどなく、複数企業が役割分担して商品を供給する形態が一般的。日本の製造業界では部品加工を外注業者に委託している企業が多く、すべての主要製造工程を社内に置いている製造業者はほとんどない

ブルウィップ効果に注意する

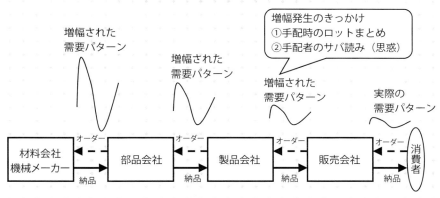

- サプライチェーンの上流ほど増幅幅が大きくなるため、適切な数量計画が立てにくい
- サプライチェーンの上流ほど計画の自由度が低く、在庫対応を余儀なくされる
- 材料会社や部品会社は製造設備能力が変動に対応しにくくネック工程となりやすい

第6章　生産管理システム活用に向けて気をつけること

る小ロット納品です。しかし、納品ロットを小さくするとその分の物流コストは増加するため、ロットまとめを減らすことが難しい業界もあります。

　ブルウィップ効果が起きるもう1つの原因が、サプライチェーン上での受発注に関わる担当者の思惑（サバ読み）の累積です。サプライチェーンの各段階の調達担当者が、欠品が発生しないように自分の思惑で余分に発注したり、在庫が増えてきたからと急に発注量を抑制したりすることがあります。この調達担当者の思惑による発注変動が、受発注を繰り返す中で増幅されて上流工程に伝わることでも、ブルウィップ効果は発生します。

　この問題の代表事例が、シリコンサイクルという電子部品業界でよく知られた需要変動です。最近はそうでもなくなりましたが、以前はオリンピックの年に合わせて電子部品の需要が増えて、オリンピックが過ぎると需要が落ちるという現象が繰り返されていました。ブルウィップ対策を考える上では、取引先の調達担当者が思惑に振り回されやすいかどうかを見極めることが重要です。

🦋SCMへの期待

　ブルウィップ効果による混乱を解消するために期待されたのが、「サプライチェーンマネジメント（SCM）」と呼ばれるサプライチェーンを構成する企業間での情報共有の仕組みです。サプライチェーン上での全体最適の実現が目標とされました。

　SCMは、情報ネットワークやデータ解析技術の発展とともに期待が集まりました。現在のAIやIoTによる自動需給調整ブームにつながるところもあります。しかし、SCMは思ったほど効果を発揮できませんでした[24]。

　多くの業界で、今もブルウィップ効果が発生しています。現在、問題になっている機械部品や電子部品などの不足も、ブルウィップ効果による現象と考えられます[25]。

　いくらサプライチェーン上で情報を共有しても、結局はチェーンリーダーの考え方に市場が左右されることには変わりがありません。チェーンリーダーが売れるときには大量に売って、売れなくなると調達を減らす考え方を改めない限り、全体最適は絵に描いた餅となります。

24　この問題の解決をターゲットにしたDDMRPという考え方が提唱されています。
25　部品が不足すると、取引の途中に入っている部品商社が先行して部品を確保しようとするため、ブルウィップが増幅されやすくなります。

下請型製造業者の悩み

下請型製造業者はサプライチェーンの上流工程に位置する企業が多く、ブルウィップ効果の影響をまともに受けやすい

- 親会社からの発注量や内示量の変動が激しく、数字を信用できない
- 変更が多発し、下請業者が独自に作成している生産計画との調整が難しい
- 2次購買品、材料手配のリードタイムがかかるため、独自判断での見込み先行発注や在庫保持を余儀なくされる
- 変更多発によって段取り替えが増えるため納期調整が難しくなる上に、実生産時間も少なくなる

  ⇒ 結果的に部品在庫、仕掛品在庫の増加、利益減少、コストアップ

SCMの流れ

資材業者　　メーカー　　卸売業者　　小売業者　　消費者

製品の流れ →

← 情報の共有（需要情報、販売情報、生産情報ほか） →

全体最適の実現

第6章　生産管理システム活用に向けて気をつけること

6-3 「現状のまま」がシステムトラブルを引き起こす

　工場が生産管理システムを刷新する際に、生産管理パッケージを利用するケースが増えています。そのパッケージ利用プロジェクトで、システムトラブルが多発しています。

　パッケージを使って安く開発するはずだったのに、カスタマイズ（追加修整）費用やアドオン（追加開発）費用が大幅に膨れ上がったという話が典型です。提案段階では1億円と言っていた追加費用が、フィットギャップ分析後は3億円になり、終わってみたら6億円かかったというような話です。さらに、パッケージのソフト保守料を払っているにもかかわらず、バージョンアップ時に改めて5億円請求されたという愚痴もよく聞くところです。

　こうしたトラブル事例は海外製ERPパッケージでクローズアップされることが多いですが、日本製パッケージでもトラブルになるケースが増えています。日本のベンダーは安易にカスタマイズして対応しようとする傾向が強いため追加開発費用が膨れ上がりがちです。

　以下に、なぜシステムトラブルが起きやすいかを紹介します。

🦋「現状のまま」がトラブルを誘発する

　既存のシステムをそのまま新システムに入れ換えれば、切り替えリスクは少ないように見えます。ところが、システムトラブルの多くはこのパターンのプロジェクトで起きています。

　日本の製造業者は、40年ほど前から自前で生産管理システムを構築していました。その後、自社の業務や業界慣習に適合したシステムに進化させた企業も多くありました。

　ほとんどの企業が、こうしてつくられた個別システムを業務運営のベースとして活用していました。利用者に新たな機能要望を聞いても、現状に大きな不満を感じていなければすぐには出てきません。こうした企業でシステム刷新プロジェクトを立ち上げても、利用部門は「現状の仕組みがそのまま動けばいいので、プロジェクトは情報システム部とベンダーで進めてほしい」と言われるのが普通です。

システムトラブルの発生要因

よく遭遇する課題	どんなトラブルが生じるのか
現状機能のままでいい	利用者が十分に検討しない状態で新システムを開発し、後からこんなはずではなかったという不満が続出する
最初にフィットギャップ分析するから大丈夫	ギャップがあれば使わないのが基本なのに、気がついたらカスタマイズとアドオンの山（ベンダーは基本的に辞退しない？）
これからはパッケージに業務を合わせるのが基本	自社内はともかく、取引先の業務要求を合わせることはできない。受注生産企業では死活問題になることがあり、注意が必要
このERPはグローバルスタンダードだ	グローバルスタンダードの基本は欧米の最終製品メーカー対応で、日本に多い受注生産企業対応ではない
実績豊富なSI（システムインテグレーション）業者に委託するから安心だ	SIは宣伝文句にすぎず、実際はソフトウェア開発受託契約しかしないベンダーが多い（特に大手ITベンダーに注意が必要）
ユーザー側作業が遅れている	ユーザー側作業はユーザー責任にされ、ベンダーに工数費用の追加を要求された
ベンダーのSEに関するスキルが心配だ	実際の開発は下請けのSES（疑似派遣会社）が行っていて、SEとのコミュニケーションやスキル確認がとりにくい

ユーザー側が原因となるトラブルの例

- オペレーターの入力漏れや入力ミスが放置されている
- 在庫精度が悪く、引き当てた現物がないことがある
- 部品表（BOM）データの精度が悪く、部品展開ができない
- 必要とする時期に部品表（BOM）が間に合わない
- マスターデータの数字が実態と合わない（手配リードタイムなど）
- マスターデータの見直しが行われていない（ロット数など）
- 製品の納期変更や設計変更が多発し、オーダー発行が混乱する
- 各作業の納期遅れが多発し、データ変更が追いつかない

> 情報システムそのものよりも、準備作業や運用設計に問題があることも多い
> システムベンダーはこの問題に口出しすることはほとんどない
> パッケージを使えば、高度な情報システムを簡単につくることができるという思い込みがトラブルを起こしやすい

第6章 生産管理システム活用に向けて気をつけること

「現状システムと同じことができればそれでいい（現状のまま）」というのは、言葉としてはわかりやすいですが、現実にはこれほど難しい要望はありません。情報システムを動かすIT基盤は日々変化しており、現状のシステムを完全にコピーすることは不可能です。画面インターフェイスや画面入力処理などはメインフレーム（オフコン）時代とオープン系システムでは異なるため、同じ操作を再現することは困難です。

　さらに、パッケージを利用した場合は、パッケージの根幹の処理ルールと旧システムの処理ルールが一致しているとは限りません。マスターやデータ項目の内容やケタ数、システムの機能制限事項などに細かな違いが出てくることもあります。

　業務処理用語も、両者の使い方が必ずしも同じかどうかはわかりません。たとえば同じMRPベースのパッケージであっても、どれも同じロジックで動いているかどうかはわかりません。安全在庫計算や歩留り対応もパッケージによって微妙に異なるのです。

🦋 フィットギャップ分析の落とし穴

　パッケージの導入プロジェクトが進んでから現状との違いが発覚しても手遅れになることが多いため、パッケージ会社やシステム会社などのベンダー側はフィットギャップ分析という作業を提案してきます。ところが、このフィットギャップ分析こそが傷口を広げる元凶になると言われています。

　フィットギャップ分析の主目的は、自社で実際にパッケージが使えるかどうかを検討することです。ところが、ベンダー側が主体でフィットギャップ分析をした場合、よほどのことがない限りベンダーは「使えない」とは言いません。そんなことを言ったら、ベンダーは失注します。そこで、何とかパッケージを採用してもらおうと、業務が合わない部分は「カスタマイズやアドオンで対応する」という提案をしてくるのです。

　中には、カスタマイズ作業で稼いでいる悪質なシステム会社があります。彼らにとってフィットギャップ分析は、契約金額を増やすためのチャンスです。

　パッケージをそのまま導入するはずだったのに、カスタマイズのための事務フロー分析や要件定義、基本設計を提案してくるような本末転倒なシステム会社もあります。しかし、パッケージとはそもそも既製服のことです。カスタマイズしてまで利用するものではありません。さらに、カスタマイズ開発を下請のSES会社に丸投げするような無責任な大手SI会社もあり、注意すべきです。

SESとは

現在のソフト開発は SES（システムエンジニアリングサービス）で成り立っている

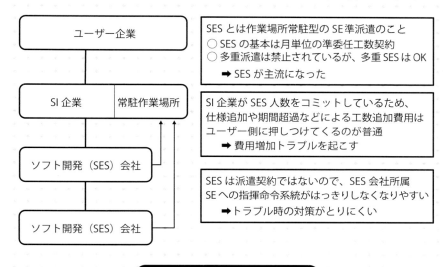

SES とは作業場所常駐型の SE 準派遣のこと
○ SES の基本は月単位の準委任工数契約
○ 多重派遣は禁止されているが、多重 SES は OK
　➡ SES が主流になった

SI 企業が SES 人数をコミットしているため、仕様追加や期間超過などによる工数追加費用はユーザー側に押しつけてくるのが普通
　➡ 費用増加トラブルを起こす

SES は派遣契約ではないので、SES 会社所属 SE への指揮命令系統がはっきりしなくなりやすい
　➡ トラブル時の対策がとりにくい

トラブルを脱出するためには

トラブル脱出に向けた難易度を分析する

　◆ 旧システムの活用レベルはどの程度だったか？
　◆ 新システムは効果の上がる機能仕様（ロジック）になっているか？
　◆ ユーザーはプロジェクトに協力しているか？
　◆ パッケージを使いこなせる業務内容や企業風土なのか？
　◆ パッケージをカスタマイズしなくても使うことはできないのか？
　◆ パッケージの機能や業務効果を勘違いして導入していないか？

● このシステム（パッケージ）は使えないため、新たにつくり直す
● 不満はあるが、とりあえずこのシステム（パッケージ）で運用する
● 余分な機能追加やカスタマイズを止めてオリジナルに戻す
● システムはそのままで、運用面の改善で対応する
● システム（パッケージ）を改造することで対応する

6-4 パッケージベンダーの売り込み文句に注意する

　ベンダーに言われるままに生産管理パッケージを導入し、後になって期待通りに動かないために困っているという相談を受けるケースも増えています。

🦋 本番切り替えがうまくいかない真相

　その典型が、いつまで経っても本番切り替えができないことです。パッケージの機能が自社工場の生産形態にマッチしていないという話から、ユーザー側の準備が間に合わないといったものまで、さまざまなケースがあります。

　かろうじて本番切り替えを終えたものの、従来使っていた生産管理システムに比べて、コンピュータへの入力作業などが煩わしくなったとユーザー部門から指摘されているプロジェクトもあります。

　また製造現場の製造業務が混乱し、生産工数増や納期遅れが多発しているような工場もあります。特に、何気なくMRP型の生産管理パッケージを導入してしまった工場で問題が噴出しているようです。

🦋 後悔しないための注意点

　トラブルに遭遇している企業でよく聞くのが、ベンダーやシステム会社が発する次のような宣伝文句を盲目的に信じたことに対する反省の言葉です。
　〇当社のパッケージは対象業界に豊富な導入実績があり、パッケージの機能に合わせることですぐにシステムが動くようになる
　〇同じ業界のA社がすでに使っているので安心できる
　〇経験豊富なコンサルタントがおり、業務改善相談にも対応できる
　〇今後、グローバル展開するのであれば海外製ERPの利用は欠かせない
　〇インテグレーション業者として最後までユーザー企業を支援したい

　ところがパッケージを導入し、トラブルになってからベンダーに確認すると、話が違うということがよくあります。

　ベンダーとのトラブルを回避するためには、契約前にベンダー側のサポートに関する考え方をしっかりと確認することが大切です。

ベンダーに事前に確認すべき事項

ベンダーへの確認事項	確認のポイント
プロジェクトの役割分担とプロジェクト責任者	複数企業が絡むと誰が責任者かわからない（パッケージ会社？代理店？SI会社？）
契約書の内容（SI契約なのか、ソフト受託開発契約なのか）	提案はSIなのに、実態はソフト開発のみというケースが増えている
パッケージの導入および移行支援を行う会社	導入作業やデータ移行に関してはユーザー任せというケースも多い
実際にカスタマイズの設計・開発を行う会社（下請会社の可能性？）	実態がSES会社依存だと、誰が実質リーダーかわからない
工期遅延時のエンジニア確保費用は請求されるか	SES会社のエンジニアのコミット費用を追加負担させられる可能性がある
パッケージと要望機能のギャップがどの程度になったら、パッケージ利用の取り下げ提案をするか	大きなギャップがあるにもかかわらず、カスタマイズで対応するという提案がトラブルを引き起こす。早期に止める決断も重要
当初見積額を固定した一括請負契約（本来のSI契約）は可能か	ユーザーにとってはこの契約が理想、多段階契約はベンダーの勝手な都合にすぎない
当初見積開発工数よりも増えた場合の追加金額の算定方法	この部分があいまいだとトラブルが泥沼化する
工期延長時の追加費用（当社事情による延長、先方事情による延長）	開発工数は増えなくても工期延長だけで多額な費用を請求される
旧システムからのデータ移行作業内容、役割分担、費用負担	新システムのベンダーには手が出せないことが多い
ソフト保守の具体的内容、ソフト保守契約しない場合の問題点	ソフト保守内容はベンダーによって考え方が大きく違う
カスタマイズ部分はソフト保守の対象か、別契約か	パッケージ会社はカスタマイズ部分は対応しない
定期的なパッケージのバージョンアップの可能性と費用	機能追加ではなく、OSやインフラ起因のバージョンアップもある
バージョンアップ時のカスタマイズ部分の扱い（費用）	海外製ERPで大きな問題となっている
パッケージがサポート停止になる可能性（代理店契約解除を含む）	パッケージにサポート停止はつきもの。ないと断言するベンダーには注意する

6-5 パッケージ開発からプロトタイプ開発へ

　今のパッケージは昔のパッケージと違い、安易にカスタマイズをしてはなりません。海外では当たり前のこの理屈が、日本では忘れられています。その理由は、1980年代に遡るとわかります。
　当時の汎用コンピュータやオフコンに搭載されていた日本製パッケージは、他社のためにつくったシステムを横展開したものが主流でした。ソースコードはユーザーに提供され販売店やユーザーが自由にカスタマイズすることが可能でした[26]。
　日本でパッケージというと、このときのイメージでカスタマイズしてもよいと思っている人は多いようです。現在のパッケージはユーザー企業には原則ソースコードは提供されないため、いじることはできません。

🦋 業務をERPパッケージが合わせる?

　パッケージを無理にカスタマイズしようとしたり、アドオンで追加開発しようとしたりすれば、かえって開発工数が膨れ上がります。このことが、パッケージ導入プロジェクトの費用が膨れ上がる要因になっています。
　さらに昔のパッケージと違う問題として上がるのが、バージョンアップの存在です。OS、DBMS、ミドルウェア対応のために、パッケージは定期的にバージョンアップをしていかざるを得ません。バージョンアップ時にすべてのカスタマイズソフトの動作を保証することもできません。
　パッケージのカスタマイズに問題があるのであれば、パッケージに業務を合わせればよいとの発想が出てきます。日本にERPが紹介され始めたときも、グローバルスタンダードのERPに業務を合わせることで業務改善するとの話が喧伝されました。しかし、受注生産企業の多い日本では、そうは簡単にいかないことが多くの導入プロジェクトを通じて実証されてきたのです。多くの会社でERPがカスタマイズの山と化しました。

26　今でもこのやり方で販売している生産管理パッケージもありますが、ベンダー側のメンテナンス負荷の増加が問題になりがちです。

昔のパッケージは個別仕様に対応できた

1980年代のパッケージ	現在のパッケージ（ERPほか）
○ どこかの会社用に開発したものをテンプレート化してパッケージと称していた ○ パッケージのソースコードは原則ユーザーに提供された ○ ユーザー企業もしくはソフト会社（販売店）が自由にカスタマイズが可能だった ○ パッケージベンダーがサポート停止しても利用可能だった ○ パッケージソフトコードは買い取りが基本で、ソフト保守という概念はなかった ○ バージョンアップはほとんどなかった（当時のOSは上位互換を保証していた）	○ ベンダー独自の設計思想に基づき開発されている ○ パッケージのソースコードは非公開で、ブラックボックス化されている ○ カスタマイズはベンダーしかできない（アドオンも制限有） ○ パッケージベンダーがなくなったり、サポート停止すると原則的に継続利用は難しくなる ○ ソフト保守料が必要（ソフト保守の内容はあいまいなことが多い） ○ ベンダー都合やOS対応のバージョンアップがあり、莫大な対応費用がかかることもある
個別カスタマイズが前提	ノンカスタマイズが前提

現在のパッケージは昔と違って開発自由度が大きく制限されたため、下手にカスタマイズしようとすると多額の費用がかかる

プロトタイプ開発への期待

実際にシステム開発に入ってみると

- 設計書やフロー図を見るだけで、IT素人の経営者や利用者がシステムイメージを把握することは、ほとんど不可能に近い
- 利用者は自分が属人的に処理してきたことや手作業、メモ作業は情報システム構築とは無関係と思っている人が多く、設計ヒアリングでは出てきにくい
- 利用者は実際に画面操作して初めて足りない機能や処理に気づくのが普通
- 利用者は実際に触り始めないと、マスター情報やデータ定義の重要性を理解できない
- 集計分類は実際の集計画面を見てから、急に追加要求が増加する傾向がある
- 処理ロジックは利用者も設計段階では勘違いしていることがある

↓

これでは当初の予定納期通りにシステムが完成すること自体が疑わしい

↓

設計工程に時間をかけるよりも曖昧な内容でいいから、実際に動くプロトタイプシステムを早くつくり、利用者に触ってもらいながら検討するのが本来の開発アプローチ

🦋 プロトタイプ開発への期待

　業務システムの新開発手法として、パッケージに代わって期待を集めているのがプロトタイプ開発です。プロトタイプ開発とは、業務分析で確認した内容をベースに見本となるプロトタイプ（試作品）をつくり、仕様検討はプロトタイプを触りながら進めていくというアプローチです。利用者はプロトタイプに触ることで、早い段階でシステムのイメージを確認でき、開発期間の短縮や開発費用を安く抑えることもできます。

　プロトタイプ開発は、工業製品開発の世界では当たり前のように行われている開発手法ですが、システム開発現場ではほとんど行われていませんでした。それは、簡単にプロトタイプをつくるツールがなかったためです。

　この問題の解決策として、期待を集めているのが超高速開発ツールです。超高速開発ツールを利用すると、実際に動作するプロトタイプシステムを簡単、かつ早くつくれるようになる上、そのまま修整しながら本番システムに仕立て上げることも可能です。自社に合った業務システムの開発を志向する会社で、超高速開発ツールを利用したプロトタイプ開発が広がっています。

🦋 超高速開発ツールを使ってみよう

　超高速開発ツールとは、業務システムの開発作業を効率化し、短期間かつ少ない開発工数でシステム開発するための開発ツールの総称です。ウォータフォール型開発手法の1/3以下の開発工数でシステムを構築できます。

　システム開発費用が高くなってきていることや、パッケージを利用したシステム構築は利用者から機能面や使い勝手面での不満が高まりやすいことなどから、自社開発を志向する情報システム部門での採用が広まっています。

　超高速開発ツールは単なる自動プログラミングツールとは違い、リポジトリと呼ばれるシステム設計DB（データベース）に設計情報を登録することで、自動的に業務システムを自動生成します。

　リポジトリを使うことによってシステム開発だけではなく、システムの修整作業やシステムの保守作業も効率的にできるようになります。リポジトリの管理機能が充実しているツールの場合はシステム開発工数だけでなく、システム設計資料などのドキュメント作成工数も減らすことができます。

　具体的なシステム生成方法には、リポジトリからプログラム（ソースコード）をつくり出すソースコード生成型と、リポジトリ設定に従ってツールのエンジンが動作するエンジン型の2種類があります。

超高速開発ツールの登場で進化型プロトタイプ開発ができるようになった

◆ プロトタイプ（試作品）をそのまま修整していくことで、本番システムに仕立て上げていく
◆ 上流工程では基本となる業務フローを整理するだけで、細かな仕様検討は試作品を実際に操作・検証しながら実施する。詳細な要件定義書はつくらない
◆ 試作品をベースにした検証を行うので、動作確認が容易にできる
◆ 修整可能な試作品により開発途中や本番開始後のシステム変更も可能

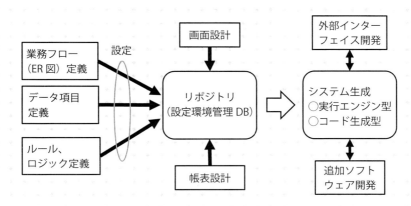

カスタマイズ導入の半分程度の費用で個別システムの開発が可能

6-6 生産管理と現場改善は両輪だ

　日本の工場では、利益改善や原価低減を目的とした現場改善活動が積極的に行われています。現場改善活動は、工場の競争力向上や企業成長にとって大切な活動です。生産管理システムの活用と現場改善活動は、車の両輪とも言える位置づけにあります。
　ところが、この現場改善活動で機能不全を起こしている工場が増えました。「みんなで一生懸命に原価低減のための改善活動に取り組んだのに、企業全体の利益につながっていない」という悩みを抱えている工場関係者に出会うことは珍しくありません。
　この状態を放置したままでは、生産管理システムの利用にも悪影響が出てきます。それでは、彼らの改善活動のどこが悪かったのでしょうか。

🦋 製造作業工数原価と作業工数の関係

　現場改善活動では、製造工程における作業工数原価の低減をターゲットに実施されることがよくあります。製造工程の作業工数を減らせば、製品原価が下がって利益も増えるに違いないという考え方は、正しい改善方向性とは言えません。原価低減と利益増加は必ずしも連携しないからです。
　こう書くと「作業工数原価＝工数単価×作業工数で計算されるのだから、作業工数を減らせば、原価が減って利益が増えるのは当たり前ではないか」と反論される方も多いでしょう。ところが、いくらこの式に従って生産に関わる作業工数を減らしても、見かけ上の製品原価が減るだけで、そのまま企業利益にはつながるわけではありません。なぜなら、現場の作業工数が減ったからと言って、企業全体の工場経費や労務費が削減されるわけではないからです。

🦋 現場改善の効果を数字で表す

　工場経費を削減して利益を捻出したいのであれば、改善活動で手数の空いた作業員をリストラして人件費を削減する必要があります。ただ現場の作業工数を減らしただけで、企業の利益が増えるわけではありません。現場改善コンサルタントの中には、このことがわかっていないで指導している人がいます。

現場改善活動の実施目的

- 生産の流れを見直し、仕掛滞留を減らす（整流化）
- 工場内の配置や導線を見直し、生産効率を高める
- ロボットや自動設備などを導入し、作業員の負荷を減らす
- 品質管理を強化して歩留りを向上させる
- 不良品発生を抑え、製造停止や手直しの発生を抑える
- 段取り作業を改善し、小ロット化の実現や実製造時間増を目指す
- ムダな作業を洗い出し、作業員の作業効率を上げる
- 部品の保管方法や配膳方法を見直し、余剰在庫や欠品の発生を抑える
- 設備ネックや人員ネックが発生しないようにバランス調整する
- 設備保全を強化し、設備が安定的に稼働するようにする
- 間接作業を見直し、作業員が直接作業に専念できるようにする

現場改善がどう利益につながっていくかを見極めることが重要

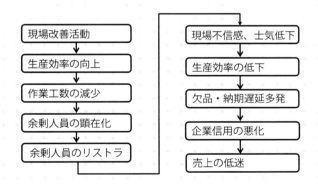

悪い現場改善フロー

生産効率の向上が、生産量の拡大ではなくリストラによる人員削減だとわかれば現場の士気が低下し、工場現場は次第に荒れる可能性がある

第6章　生産管理システム活用に向けて気をつけること

6-7 ユーザー部門を巻き込むための秘訣

　生産管理システムが効果を発揮するためには、利用者が積極的にシステムに関わることが大切です。

　販売管理システムは、システムを使って伝票処理をしないと業務は回りません。しかし、生産管理の場合は、伝票がなくても現場にワーク（製作物や部品）と設計図が届けば、製品はつくれます。そのためもあって、工場の現場の人たちはコンピュータへの入力やシステム運用を煩わしく感じやすいものです。

　たとえば、実作業で忙しい現場作業員にとっては、実績データ入力作業は負担以外の何物でもありません。次第に実績データ入力はなおざりにされ、精度的に意味のないデータになっていきます。

　こうならないようにするためにも、製造現場にデータ収集の方法を主体的に実施してもらうための意識づけが大事です。現場関係者に、生産管理システムにデータを集めることで何が実現できるか、どんな経営メリットが得られるか、各人のメリットなどを懇切丁寧に説明した上で、どうすれば精度の高いデータを収集できるかを提案してもらうとよいでしょう。

🦋 サバを読む人を主役に抜擢する

　生産管理システムを利用する際に最も障害となりやすいのが、「1－8」項でも紹介した利用者のサバ読みです。個人のサバ読み横行を抑止できないことで、生産管理システム上で精緻な計画を作成することをあきらめてしまう工場もあります。

　この問題への対処方法として筆者が推奨しているのが、思い切ってサバ読みに長けた人をシステム活用プロジェクトのリーダーに抜擢することで、彼のサバ読みノウハウをシステムに取り込んだらどうかというものです。個人のサバ読みが横行するから問題であって、会社全体で共有したサバ読みをルール化できれば、混乱を抑えることができる可能性は高くなります。

　彼にそのための土台をつくってもらいます。ただし、この役割は優秀なサバ読みマンでないとできません。自分のわがままだけでサバ読みを押しつける人では、かえって混乱が増幅するだけになりかねません。

実績入力が機能していない

着手入力が徹底されておらずリードタイム分析ができなかった企業の例

工程	着手日時	完了日時
指図書発行	1月1日10時	1月1日11時
A工程	1月1日13時	1月10日17時
B工程	1月20日15時	1月20日15時
C工程	1月30日16時	1月30日16時
検査工程	1月31日9時	1月31日17時

B工程・C工程：この入力時間だと作業時間はゼロ

- 工程待ちと実加工時間の関係が分析できないため、改善検討ができない
- リカバリーのために完了時に自動着手入力処理されるので、データ分析を行うまで入力漏れは問題視されていなかった
- 着手入力が難しければ完了入力だけを徹底する

プロジェクト関係者と導入メリットを共有化する

1. 会社にとっての導入メリット　➡　会社利益、資金効率

2. 取引先にとっての導入メリット　➡　顧客満足、取引拡大
   - ✓ 取引先に満足してもらえる
   - ✓ 取引先からのクレームがなくなる
   - ✓ 取引先に新たなサービスを提供できる

3. 下請会社にとってのメリット　➡　利益増加、共存共栄
   - ✓ 下請会社の作業の効率が上がる
   - ✓ 財務的な負担を減らせる
   - ✓ 当社との取引が利益につながる

4. 従業員にとってのメリット　➡　報酬拡大、勤労意欲
   - ✓ 生産管理システム導入でスループットが増えれば給与も増える

🦋 工程追っかけマンが抵抗勢力になりやすい

　生産管理システムは、生産管理担当要員の仕事を楽にしてくれます。だから、生産管理担当者は積極的にシステム導入に協力してくれるに違いない、と情報システム関係者は考えがちです。しかし、その生産管理担当者こそが最大の抵抗勢力になることが考えられます。

　第1章でも紹介しましたが、日本の工場の生産管理部には実に多くの工程追っかけマンやExcel資料作成者たちがいます。彼らは生産管理システムの活用が進むと、自分の仕事が楽になるとは考えずに、自分たちの仕事がなくなると考えることがあります。こうした人たちに、コンサルタントやシステム設計者が「現状業務で困っていることはないか」と聞いても、「特に困っていることはない」と答えるのが普通です。

　この状態では、役に立つシステムは構築できません。現状業務とマッチしないおざなりのシステムが導入され、導入後に問題点が噴出することにもなりかねません。彼らの説得は非常に骨の折れる仕事です。生産管理システム活用の最大の課題と言っても過言ではありません。

🦋 コンサルタントを活用する

　コンサルタントの大事な役割は、こうした課題山積み状態にあるプロジェクト内や企業内での潤滑剤の役割を担うことです。特に歴史の古い重厚長大型産業の工場には、縦割り組織体質が強く残っていることが多く、他部門のことには口出ししないとか、自部門の防衛に走りやすい傾向があります。この壁を打破してプロジェクトを軌道に乗せるために、外部コンサルタントを利用することは効果的です。

　また、コンサルタントの過去の事例経験を流用するという目的も重要です。多くの工場は、自社だけ特別と思っている傾向がありますが、そんなに特別な工場はほとんどありません。コンサルタントの他社での改善経験を、自社の改善活動に活かすことができれば時間の節約が可能です。

　ところで日本の工場現場を訪問すると、コンサルタントに拒否反応を示す人がたくさんいます。現場改善コンサルタントからパワハラもどきで一方的に改善手法を押し付けられたとか、戦略コンサルタントの指示で余計な資料を大量につくらされたというような不満の声をよく聞きます。そんなコンサルタントばかりではありませんので、コンサルタントの人選には注意しましょう。

生産管理コンサルタントはどこを見ているか？

1. 対象製品の生産方式を明確にする
2. 対象企業の悩みを確認する
3. 生産計画がどのようにつくられているかを確認する
4. 対象企業のリードタイムと在庫状況を確認する
5. 生産管理システムの活用状況を確認する
6. 対象企業の業務課題を明確にする
7. 業務課題の原因仮説を想定する
8. PDCAプロジェクトでの課題解決を支援する

コンサルティングプロジェクトの進め方例

コンサルティングプロジェクトではPDCA改善で成果を導くことが多い
関連部門を集めた改善検討会を定期的（月1～2回）に実施し、試行錯誤で改善を進める

| 現状診断 | ➡ | 仮説計画 | ➡ | 実行 | ➡ | 結果確認 | ➡ | 現場改善 | ➡ | 仮説計画 |
| (Analysis) | | (Plan) | | (Do) | | (Check) | | (Act) | | (Plan) |

- 最初に改善目標数字を設定し、改善プロジェクトを立ち上げる
- 業務改善や現行情報システムの活用で直せるところから直していく
- 製造現場の仕掛（滞留状況）を調査・分析した上で対策を実施する
- 製造現場主体で直せることを明確にし、現場主体で直していくよう働きかける
- 営業部門や外注会社などとの連携で直す部分を明確にし、働きかける
- プロジェクトだけでは直せない部分を明確にする

6-8 工場と営業が力を合わせる大切さ

　高度成長が終焉を迎えた頃から、営業部門と工場の協力関係がうまくいっていない製造業者が増えてきました。

🦋 営業部門、工場からの不満の声

　工場の人たちからは、「営業部門はしっかりした販売予測や販売計画も示さずに、突然短納期対応を要求したり、ときには急にキャンセルしたりする」、さらには「営業は顧客の言いなりだ」という声が聞かれます。

　一方、営業部門からは、「工場は大して難しい作業を行っているようには見えないのに、工場に納期を問い合わせると何週間も必要と回答してくる」「納期遅れが起きたときに、いつになったら納入できるか工場に問い合わせても、すぐに回答してくれない」との不満が出ています。

　納期問題だけではなく、販売価格に関して工場は営業部門に対して「もっと高く売れるはずだ」と言い、営業部門は工場に対して「もっと安くつくれるはずだ」と言います。両者の間に不信感が高まり、相手の話を疑うようになることもあります。このような状態に追い込まれた工場で、計画の精度がどうこうとか、収益性の確保がどうこうと言っても始まりません。製品倉庫にはいらない在庫があふれ返る一方で、欠品や納期遅れが多発するという事態になりがちです。

　企業が成長しているときは、両者の対立はそれほど目立ちませんが、成長が鈍化し、収益性が悪化してくると互いに責任のなすりつけ合いをするようになり、対立はどんどんエスカレートしていきます。

🦋 精度の高い計画策定に必要なもの

　本書のテーマである生産管理システムの活用に関しても、両者の対立がエスカレートするとうまく機能しません。そもそも工場の生産計画は、営業部門と工場が協力してつくった数量計画に基づき、業務コントロールするものです。173ページ下段に示す図は、販売計画と生産計画の関係を整理したもので、営業部門と生産管理部門が密接に連携していないと精度の高い計画は策定できま

工場側が感じやすい営業への不信感

- ○ 営業は取引先の無理難題を伝えることしかしない
- ○ 営業はサバを読んだ納期設定にしてくる
- ○ 営業の需要予測は当てにならない
- ○ 営業は工場への不満や悪口ばかり言ってくる
- ○ 営業は仕入品ばかりを売っている

⇩

- ● 取引先への責任を取るのは工場ではなく営業
    - ➢ 営業に生産管理方針の説明したか？
    - ➢ 営業担当は生産管理知識を持っているか？
    - ➢ 営業に協力依頼をしたことがあるか？

⇩

営業を批判する前に、工場経営に巻き込むことを考えるべき

情報共有の重要性

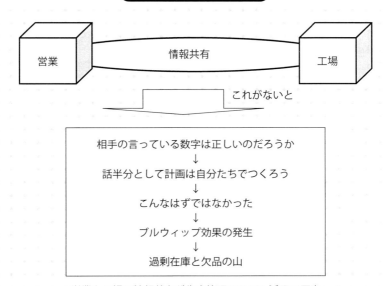

営業と工場の情報共有が生産管理システム活用の原点

第6章　生産管理システム活用に向けて気をつけること

せん。

　両者の対立を解消するためには、工場、営業部門両者の意識改革が必要です。工場はあくまでも、営業部門のサポート役であることを忘れないようにしなければなりません。工場は営業の要求に添った納期や価格で売れるように、最大限努力すべきです。ただし、実際にはどうやっても営業部門の要求通りにはつくれないこともあります。その場合は、なぜできないかを営業部門に対して懇切丁寧に説明し、納期調整や操業度調整に協力してもらえるように働きかけましょう。営業部門の協力なくして工場の生産管理は機能しませんので、営業を批判しているだけでは無意味です。

　営業部門は、自分たちの情報の与え方によって在庫量や操業度利益が変わることを自覚して、活動する必要があります。販売予測や販売計画の精度が高いことによって、工場の生産活動がどれだけ楽になるか、在庫を増やしたり納期を短くしたりすれば営業活動はしやすくなるが、それがいかに工場の負担になるか、販売目標を低く抑えすぎるとどれだけ工場の操業度確保が困難になるかを、常に意識して営業活動に取り組むことが大切です。取引先との難度の高い交渉が必須事項になることもあります。

❀営業担当にこそ生産管理を知ってもらいたい

　ところで、多くの製造業者を訪問していると気になることがあります。それは、ほとんどの製造業者の営業部門が生産管理の勉強をしていないことです。生産管理システムの再構築プロジェクト営業部門の代表が参画していないことも多いです。これは、なぜなのでしょうか？

　筆者はこの問題こそが、営業部門と工場の対話が噛み合わない最大の原因と見ています。筆者自身も製造業者の営業部門の出身ですが、営業は必ずしも工場にムリな要求を突きつけようとは思っていません。ムリな要求を突きつけても、実現できなくて顧客から怒られるのはほかならぬ自分だからです。しかし、どうしたらいいかわからないと、仕方なく工場にムリな要求を突きつけます。経験を積むとある程度のサバを読んだ要求をしますが、それがかえって工場から不信を招くこともあります。

　もし、営業部門が生産管理の勉強をしていれば、工場ともっと前向きな議論ができる可能性があります。先行手配が必要であっても、ムダな手配にならないように取引先と交渉するなどです。操業度調整に関しても、営業が有効なアイデアを出してくれるかもしれません。

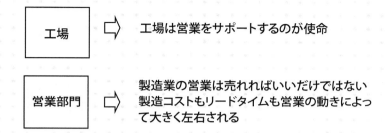

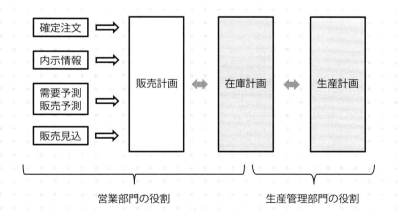

第6章　生産管理システム活用に向けて気をつけること

column

SESと構内外注の違いに気をつけよう

　SES（システムエンジニアリングサービス）という言葉を聞いたことがありますか。SESは、システム開発作業を行う要員を開発現場に常駐させる疑似派遣事業です。現在のシステム開発現場はSESに支えられている、と言っても過言ではありません。このSESが原因となるシステム開発トラブルが増えています。

　SESは現場常駐作業ということで、工場における構内外注作業に似ています。共通点もたくさんあります。たとえば構内外注と同じく、社員がSES要員に直接指揮命令することはできません。また、作業場所も元請会社社員とSES会社社員とは区別する必要があります。

　しかし、構内外注とSESの契約形態はまったく違います。工場の構内外注作業は出来高制による請負契約が基本ですが、SESは準委任契約による時間契約が普通です。

　準委任契約は派遣契約や請負契約と異なり、受託責任が不明確になりがちです。SESは、そもそも多重派遣禁止の法の網から逃げる形でできたものです。SES要員に何らかの問題が発生したときに、誰が責任を持ってリカバリーするかなどは決まっていないことが多く、中途半端なプロジェクト運営に陥るリスクが心配されます。そのため、SESに否定的な意見を持つ業界関係者も増えています。契約先のシステム開発体制がSES主体でないかは事前にチェックしましょう。

生産管理システム関連のワンポイント用語説明

　本章では、生産管理システムに関わる関連用語を簡単に説明します。用語説明は「生産管理システム機能」「生産管理方式」「生産方式」の3つのパートで紹介します。ただし、本説明はあくまで概要の説明にすぎませんので、詳細は専門書などでご確認ください。

S-1 生産管理システムの主要機能

▶ 受注入力機能
　生産管理システムによる、生産手配の原点になる受注情報を入力する機能です。顧客からの注文書を受領した時点で、営業が受注入力をして手配開始します。確定受注前に営業が内示情報を入力したり、先行予約手配したりすることもあります。
　EDI（電子データ交換）を使って、顧客からの注文データを自動で取り込むこともあります。

▶ 生産計画・入力機能
　在庫製品を販売する会社や、受注前に内示情報や自社判断で計画的に生産手配する企業などでの、製品生産計画策定と計画入力を支援する機能です。MRPではMPSと言います。計画立案を支援するために、各種需要予測機能を搭載しているシステムもあります。

▶ 需要予測機能
　販売計画や生産計画策定のベースとなる製品需要を、統計的な手法を使って算出する機能です。代表的な計算方法には移動平均法、指数平滑法、季節指数、イベント感応度などがあります。最近は、ディープラーニングなどのAI技術の活用も期待されています。需要予測は過去実績からの推計であるため、最終的には人間の判断が欠かせません。

▶ 工程計画機能
　個々の製造工程で何を、いつ、どの程度つくるかを決める計画です。この計画を小日程計画と称している工場もあります。スケジューラーはこの工程計画策定を支援するツールです。

▶ 品番管理機能
　対象製品や部品の品目を特定するための情報が品番（品目番号）です。品目名では一意に品目を特定しにくいため、コンピュータは品番を利用して計算や処理を行います。ただし品番が複数存在する会社があります。たとえば、「社内品番」「客先品番」「販売品番」「生産品番」などです。生産管理システムでこれらの複数品番を一元管理します。

Excel利用では品目名で直接品目管理することが多いため、Excelで管理してきた人ほど品番という概念が理解しにくく、システム化導入時に障害になることがあります。

▶ 部品表（部品構成表またはBOM）管理機能

部品構成を管理する機能で、親製品から子部品を展開する機能を順展開、また子部品から親製品を検索する機能を逆展開と呼びます。設計部門で管理する部品表を設計BOM（E-BOM）、工場で管理する部品表を製造BOM（M-BOM）と言います。

▶ 工程表管理機能

各製品の製造に使う工程や設備の情報と、製造する工程の順番（工順）などを管理する工程表を管理する機能です。工程表は、工程管理システムを利用する場合になくてはならないマスターデータです。工程表のメンテナンスが滞ると、適切な工程指示が出せません。

▶ 生産手配機能

工場や購入先に対して生産手配をする機能です[27]。製造指示書や購入指示書の発行が基本になります。主な手配方式には計画手配、都度手配、ロット手配、補充手配、かんばん手配などがあります。

▶ 資材手配機能

部品会社や材料会社に対して購入品の注文書を発行し、購入品受け入れ時に受入・検収処理を実施する機能です。複数先購買や複数単価管理などへの対応が求められることもあります。

材料手配の場合は、重量や寸法で発注することがあります。その場合は、生産量からの単位変換計算や端材の管理が必要になることもあります。

▶ 所要量展開機能

部品構成表（BOM）に基づき、生産に必要な部品の数量を算出する機能です。BOMを用いた単純部品展開計算とMRP計算に分かれます。前者の場合は、一般的には調達リードタイムはそれほど重要ではありませんが、後者では部品マスターへのリードタイム設定は重要です。

材料を混合して生産するような工場では、部品構成表ではなく配合表（レシピ）で管理します。

部品展開の際に不良率（歩留り率）を考慮して、わざと投入数量を増やすよ

---

27 生産手配は差立と呼ばれることもあります。

うに計算するシステムもあります。

▶ 在庫引当機能

　手配オーダーと在庫を紐づける機能です。製品手配オーダーに製品在庫を引き当てて出荷指示を出すケースと、生産手配オーダーの使用部品を部門在庫に引き当てて部品出庫指示や製造指示を出すケースがあります。引当は実在庫相手だけではなく、将来入庫予定の在庫に対してする場合や先行手配オーダーを使って行うシステムもあります。

　MRPの場合は、欠品などで在庫が引き当てできなくなった場合のリカバリー処理の内容確認が必要です。この処理がうまく回らないことで、生産管理や工場運営が混乱することがあります。

▶ 工程展開および製造工程への指示機能

　あらかじめ工程表に登録した製造工程の順番（工順）に従い、各工程に製造指示をする機能です。製造指示書や現品票などの生産伝票を使って指示をするのが一般的です。生産伝票には材料の内訳、ロット数量、製造開始時間、個数以外の数量情報、簡単な図面などを印字している工場もあります。納期遅延やロット分割が起きたときの処理なども重要確認項目です。

　生産伝票とは別に、Excelなどでつくった生産管理表などで工程指示をしている工場もあります。

▶ 実績収集機能

　製造指示に対する実績情報を収集する機能です。各製造工程や外注会社が、指示通りに製造したかどうかを監視するのが基本です。製造伝票に印字したバーコードをバーコードリーダーで読み取り、データ収集するのが一般的です。手作業で入力したり、ICタグやセンサーで自動監視したりする製造ラインもあります。

　製造実績収集の検討では、どのような形で収集しているかだけではなく、どのような情報の収集が必要かの洗い出しも重要です。工程完了時刻だけで工程着手時刻までは収集していない工場が多い一方、不良情報や検査情報を細かく収集している工場もあります。品質管理面で製造ロットや材料ロットのトレースが必要な製品では、実績収集段階で製造実績ロットの紐づけを行います。

▶ 進捗管理機能

　製造番号（製番）、ロット番号、累積生産数量、製造時刻などの製造実績データを用い、予定通りの納期（リードタイム）で製造されているかを監視する機能です。納期遅れや欠品が多発している企業が最も重視すべき機能です。この

機能が不十分な状態の工場が、コンピュータが負荷調整やリードタイム計算しても、その通りには製造できない可能性があります。

▶ **工程負荷調整機能**

各製品の標準製造時間と、各工程の製造能力を使って各工程の負荷を調整する機能です。手動で調整するだけでなく、自動で調整したり、製造オーダーに紐づいている前後工程も含めて調整したりするシステムもあります。

工程が紐づいているすべての工程を通して、自動的に負荷調整して日程計算するシステムがスケジューラーです。

▶ **在庫管理機能**

在庫置き場における製品や部品の管理状態を管理する機能です。在庫数量、入出庫日、在庫の荷姿、在庫のロケーション、棚卸業務などを管理します。自動倉庫やデジタルピッキングシステムを使っている工場では、これらの外部システムとの連携で在庫データを管理します。

▶ **入出庫機能**

製品や部材の入庫や出庫作業を支援する機能です。入庫時の入庫データ登録や出庫時に出庫作業指示書の出力などを行います。

▶ **原価計算機能**

製造実績データを用いて、個別製品や工程単位の原価計算をする機能です。標準単価を使って計算する標準原価計算と、実際の経費実績を用いて計算する実際原価計算があります。

原価計算機能は生産管理システムの中核機能とされていますが、実際には何のために原価計算をするのか不明確なままで導入しようとする工場が多いです（「3-6」項）。

▶ **ロットトレース機能**

各製品がどのロットで製造されたり、どの調達ロットの部品を使って生産されたかを記録しておく機能です。

▶ **技術情報管理機能**

工場で用いる図面（設計図、製作図）、各種ドキュメント、部品表、品質管理データなどを統合的に管理する機能です。もともとは設計部門の業務効率化が目的の中心でしたが、工場全体の統合管理をも目指すようになってきました。この用途に用いる情報システムをPDM（Product Data Management）、もしくはPLM（Product Life cycle Management）と呼びます。

S-2　生産管理方式

▶製番管理方式

　製番管理方式とは、製作物に製造番号を付与し、それをキーにして部品調達や組立作業を行う方式の管理方法です。大型機械の組立や一過性の金型や試作品手配などに利用されます。製番管理では、部品調達のための部品展開と工期の管理が重要となります。

　原価や作業改善のための工数把握を製番単位に行うこともあります。製番管理は生産管理の仕組みとしては単純で導入しやすいですが、部品在庫が増えやすいことと、変更が生じたときに混乱が生じやすいことが課題とされています。部品調達はMRPで行って、組立工程は製番管理で別に行うという工場もあります。

▶欠品表管理方式

　欠品表管理方式とは、発注点管理などで手配しておいた部品在庫から、製品生産に必要な部品を引き当てて生産する方式です。引当時に足りない部品は欠品表で管理し、担当者が督促して間に合わせようとします。MRPが登場する前に米国で主流だった生産管理方式ですが、日本ではあまり聞きません。

▶MRP方式

　MRP方式とは、MRP（Material Requirement Planning）という部品展開ロジックによって部品手配を行う生産管理方式です。欠品表管理方式の弱点を補完するために開発されたもので、在庫削減や変更対応に効果があるとされてきました。生産管理パッケージの大半がMRPをベースにしています。

▶製造ロット番号管理方式

　製造ロット番号管理方式とは、主に部品加工型の工場でよく使われている生産管理方式です。製造ロット番号と製造数量、各工程での製造納期などが印刷された現品票（生産指示カード）が、ワーク（製作物）と一種に製造工程に順番に流れます。各工程では現品票の指示に従って製造します。製番管理方式と似ていますが、厳密には違います。

　製造指示は現品票で行いますので、コンピュータ利用は、製造指示よりも出来高や進捗実績収集が主体となります。次のかんばん方式に比べて現場の裁量

の影響が出やすいため、現場要員の意識向上（教育）が重要となります。

▶ かんばん方式

　かんばん方式とは、トヨタ生産方式で有名になった生産管理方式です。現品票ではなく、後工程から流れてくるかんばんと言われる後工程引き取り型繰り返し伝票で製造指示をします。

　かんばんに合わせて必要なモノしかつくらないことで、最低限の仕掛品在庫で運営できるのが特徴です。しかし、全体生産計画が平準化していないと、かんばんはうまく回りません。補充手配を基本とする、一部の生産手配に限定して適用している工場が多数です。

▶ 追番管理方式（流動数曲線管理方式）

　追番管理方式では製造番号ではなく、期間累積の製造数量で生産を管理します。食品工場のような少品種大量型の繰り返し生産に適した管理方法として知られており、自動車部品会社などでも使われています。製造指示は累積番号（追番）を用いて行います。実績追番を使って流動数曲線グラフをつくることで、進捗管理や仕掛品在庫管理を簡単に行うことができます。

▶ バッチ生産管理方式

　インクや飲料といったタンクなどに、複数の原材料を混合する形で生産する工場で使われる生産管理方式です。生産指示の基本は、製品の製造にどのタンク（製造設備）を使うかに対する日程表と、混合する材料の種類と量を記した配合表（レシピ）になります。

　同方式で難しいのは、材料や製品の管理単位が変化することです。最終製品は個数単位や容器数量単位で管理しますが、製造段階や材料調達では重量（Kg）や容積（ℓ）で管理しなければなりません。

▶ プロセス生産管理

　化学工場、医薬品工場など工場全体が製造設備になっている工場での生産管理で、一般的には生産管理システムとは別にMES（Manufacturing Execution System）と呼ばれる製造工程管理システムを入れて管理することが多いです。バッチ生産と同じように、管理単位が変化することに加えて、副産物や連産物の管理も求められます。

S-3 生産方式

▶ ETO（Engineering To Order：受注設計生産）

　ETOとは、顧客からの注文が入ってから生産を開始する形の生産方式です。受注設計生産もしくは個別受注生産と呼ばれます。ETOでは受注が入った時点で一から設計し、部品を調達して生産します。ETOの代表には造船、大型設備、金型、試作品などがあります。基本設計は共通で、顧客の要望に合わせてカスタマイズ設計をして生産開始するETO生産もあります。

　ETOはいつ納入できるかがはっきりしていないと、営業は注文をとることができません。そのためETOの生産計画では、納期管理が重視されます。

　ETOは初めての生産や部品手配になることも多く、精度の高い標準リードタイムを設定することが難しいという問題を抱えています。設計作業、部品調達、製造などに分けた大まかなリードタイムを設定するだけで、生産開始する工場もあります。

　ETOは、設計部門の設計完成度と進捗に納期が左右される傾向があり、生産現場の生産管理だけでは対応しにくい問題を抱えています。ETO型の製造業者では、工場の操業は成り行き任せになっていることが多いようです。この状態では工場利益が十分に確保できないため、ETOの生産計画では操業度もコントロールしなければなりません。

▶ MTO（Make To Order：繰り返し受注生産）

　MTOとは、あらかじめ設計してあった製品を、注文や内示が入った時点で生産開始する生産方式です。日本では繰り返し受注生産と言われます。代表的なMTO製品が自動車部品です。汎用工作機械やOEM生産などもMTOで行っているところが多いです。下請企業を中心とする日本の中堅・中小企業の多くはMTOで生産しています。MTOは日本工場の代表生産方式です。

　製品としては後にあるMTSであっても、営業部門と製造部門の製品在庫管理が完全に分かれている場合は、工場の生産は営業からの疑似発注に基づくMTO生産で行われていると考えた方がよいケースもあります。

　MTOでも、ETOと同じく納期管理が重視されます。MTOは繰り返し型のため標準リードタイムの設定がしやすく、ETOよりは生産管理システムが効

果を発揮しやすい傾向がある一方で、短納期対応が課題となっています。

▶ ATO（Assemble To Order：受注組立生産）

　ATOとは、部品手配または半製品の生産を先行実施して中間在庫を積み上げておき、受注が決まったら中間在庫から先行手配品を引き当てて最終組立する生産方式です。中間在庫はデカップリング在庫とも呼びます。

　ATOは、在庫を極力抑えながら短納期対応もできることから注目を集めています。「3-3」項でも紹介しましたが、現在の日本工場の生産はATOが支えていると言っても過言ではありません。また、ATOはMRPとの相性が悪いため、MRPを使う場合は注意が必要です。

▶ MTS（Make To Stock：製品在庫計算）

　MTSとは、顧客からの注文が入る前にあらかじめ策定した見込み生産計画によって製品在庫を生産しておき、顧客から注文が入った時点で製品在庫を引き当てて出荷する生産方式です。消費材の生産や汎用部品の生産でよく使われます。日本では見込み生産方式と言われることが多いですが、正しくは製品在庫生産です。MRPをベースとする生産管理パッケージはMTSを前提にした仕組みです。

　MTSの生産計画では、品切れと在庫のバランスをどうコントロールするかが重要です。顧客から注文が入ったときに品切れが起きていると、その製品を販売することできません。大手の量販店や製造業などでは、品切れを起こした場合にペナルティーを要求してくるところもあります。品切れを起こさないために余分に製品在庫を準備しておく企業もありますが、製品在庫を多く持つと財務的に大きな負担がかかることになります。

　受注生産型の工場には、MTS製品はほとんどないと思われている方もいますが、保守部品の生産はMTSという会社もあります。

参考文献

1) 本間峰一、北島貴三夫、葉恒二「図解でわかる生産の実務　生産計画」日本能率協会マネジメントセンター、2004年
2) 本間峰一「コストダウンが会社をダメにする」日刊工業新聞社、2008年
3) 本間峰一「社長が「在庫削減！」と言い出した会社は成長しない」日刊工業新聞社、2013年
4) 本間峰一「誰も教えてくれない「工場の損益管理」の疑問」日刊工業新聞社、2016年
5) J.R.Tony Arnold, Stephen N.Chapman, Lloyd M.Clive "Introduction To Material Management Seventh Edition" Prentice-Hall Inc., 2010（日本語版：中根甚一郎訳「生産管理入門」日刊工業新聞社，2001年）
6) 大野耐一「トヨタ生産方式」ダイヤモンド社、1978年
7) 小谷重徳「理論から手法まできちんとわかるトヨタ生産方式」日刊工業新聞社、2008年
8) 中小企業診断協会生産革新フォーラム編「"JIT生産"を卒業するための本」日刊工業新聞社、2011年
9) 田中一成「図解でわかる生産の実務　追番管理」日本能率協会マネジメントセンター、2005年
10) 鳥羽登「SEのためのMRP」日刊工業新聞社、1995年
11) 北村友博「生産管理システム構築のすべて」日本実業出版社、2017年
12) 富野貴弘「生産管理の基本」日本実業出版社、2017年
13) 田島悟「生産管理の基本が面白いほどわかる本」、KADOKAWA、2017年
14) オリバーW・ワイト著、松原恭司郎訳「MRPⅡは経営に役立つか」日刊工業新聞社、1985年
15) 中根甚一郎「総合化MRPシステム」日刊工業新聞社、1984年
16) 日本電気Ｃ＆Ｃ製造システム事業部「実践MRP方式による生産管理システム」日本能率協会マネジメントセンター、1982年
17) K.Shikh, "Manufacturing Resource Planning (MRPⅡ) with Introduction to ERP, SCM and CRM", McGraw-Hill, 2002

索 引

【英数字】

APS ································ 116
ATO ···················· 74, 108, 183
ATP ································ 112
BOM ·························· 68, 98
CRP ································ 114
DDMRP ··························· 112
E-BOM ···························· 177
EDI ································· 142
ERP ································ 100
ERPパッケージ ················· 154
ETO ································ 182
Excel利用 ·························· 18
IoT ··································· 60
M2M ································· 60
M-BOM ··························· 177
MES ························· 14, 181
MPS ································· 98
MRP ·························· 12, 98
MRPII ······························ 110
MRP方式 ·························· 180
MTO ························· 74, 182
MTS ························· 74, 183
PDCA ······························ 169
PDM ······························· 179
PERT分析図 ····················· 140
PLM ································ 179
RPA ································· 70
SCM ······························· 152
SES ························ 157, 174
S&OP ······························ 112
TOC ································· 88

【あ】

アドオン ··························· 154

安全在庫	40	原価計算機能	179
追番管理	54	現状のまま	154
追番管理方式	181	現場改善活動	164
		現品票	12
【か】		工順	177
外注会社	148	工程追っかけマン	16, 168
外注リスク	149	工程間滞留時間	50
過剰在庫	40, 42	工程計画機能	176
カスタマイズ	154	工程表管理機能	177
かんばん	12	工程負荷調整機能	179
かんばん方式	181	工程待ち	78
企業風土問題	34	コンサルタント	168
技術情報管理機能	179		
基準生産計画	98	【さ】	
逆展開	100	在庫	38
繰り返し受注生産	182	在庫管理機能	179
クローズドループMRP	114	在庫削減	80
計画待ち	76	在庫のムダ	80
欠品アラーム	108	在庫引当	24
欠品表管理	102	在庫分析表	42
欠品表管理方式	180	先入れ先出し	134
原価	82	サバ読み	34, 152
原価管理	130	サプライチェーン	150

サプライチェーンマネジメント	152	進捗監視	48
仕掛品在庫	38	進捗管理機能	178
資材手配機能	177	スケジューラー	116, 134
実際原価計算	179	ストラクチャー型部品構成表	100
実績収集機能	178	スループット	82
実地棚卸作業	24	生産計画	16, 28
事務工数削減	68	生産計画・入力機能	176
従属需要品目	98	生産スケジューリングソフト	116
需給調整機能	110	生産手配機能	177
受注組立生産	183	生産伝票発行機	10
受注生産	126	生産統制システム	10
受注生産手配	30	生産変動対応安全在庫	40
受注設計生産	182	生産リードタイム	72
受注入力機能	176	製造BOM	177
需要変動対応安全在庫	40	製造標準時間	60
需要予測機能	176	製造リードタイム	72
順展開	100	製造ロット番号	12
正味所要量	104	製造ロット番号管理方式	180
正味製造時間	50, 76	製番管理	102
小ロット化	78	製番管理方式	180
所要量展開	98	製品在庫計算	183
所要量展開機能	177	制約工程	88
進行管理型生産管理	28	設計BOM	177

【た】

タイムバケット…………………………104
タイムフェンス……………………104, 106
滞留在庫…………………………………38
滞留時間…………………………………76
ダブルビン管理…………………………30
段取り替え時間…………………………78
超高速開発ツール…………………122, 162
ディカップリング………………………75
独立需要品目……………………………98

【な】

内示……………………………………120
内製化…………………………………84
入金消込………………………………96
入出庫機能……………………………179
納期遅れ対策…………………………46

【は】

配合表…………………………………138
バックワードスケジューリング………116
バッチ生産管理方式…………………181

発注点管理……………………………30
バッファ時間…………………………78
引当処理…………………………25, 26
人手不足………………………………146
標準原価計算…………………………179
標準作業時間…………………………134
品番……………………………………176
品番管理機能…………………………176
フィットギャップ分析……………154, 156
フォワードスケジューリング…………116
歩留り率………………………………140
部品構成表…………………………68, 98
部品表（部品構成表またはBOM）
　管理機能……………………………177
ブルウィップ効果……………………150
プロセス生産管理……………………181
プロトタイプ開発……………………162
平準化…………………………………92
ペギング……………………………99, 109
補充生産手配…………………………30

【ま】

マスターデータ………………………138

188

待ち時間……………………………76
見越し手配…………………………74
見込み生産手配……………………30
見込み生産方式……………………183
無限負荷山積み方式………………114

【や】

有限負荷山積み方式………………114
余裕時間……………………………134

【ら】

ラフカット能力計画………………110
リードタイム………………………72
リードタイム分布分析表…………50
利益…………………………………82
リポジトリ…………………………162
流動数曲線管理方式………………181
流動数曲線グラフ…………………54
ロット在庫…………………………40
ロットトレース機能………………179

【わ】

ワーク待ち…………………………76

〈著者紹介〉

本間　峰一（ほんま　みねかず）
株式会社ほんま　代表取締役

1958年生まれ、東京都出身。電気通信大学電気通信学部応用電子工学科卒業。NEC製造業システム事業部、みずほ総合研究所コンサルティング部を経て、2012年に経営コンサルタントとして独立（株式会社ほんまコンサルティング事業部として活動）

主に中堅製造業者の収益性改善、生産性改善、生産管理システム活用などのコンサルティングを実施中。

東京都中小企業診断士協会会員
東京都中小企業診断士協会中央支部認定「生産革新フォーラム研究会」代表
川崎市中小企業サポートセンター派遣専門員
東京都中小企業振興公社　派遣専門家
ICT経営パートナーズ協会　理事
アドバンスト・ビジネス創造協会　チーフコンサルタント
情報処理技術者試験　試験委員
日本生産管理学会会員、システム監査人協会会員。

主な資格：中小企業診断士、情報処理技術者（システムアナリスト、システム監査、プロジェクトマネージャ、アプリケーションエンジニア）
主な著書：『コストダウンが会社をダメにする』『社長が「在庫削減！」を言い出した会社は成長しない』『受注生産に徹すれば利益はついてくる』『誰も教えてくれない「工場の損益管理」の疑問』『"JIT生産"を卒業するための本』（以上日刊工業新聞社）『サプライチェーン・マネジメントがわかる本』『生産計画』『失敗しないERP導入ハンドブック』（以上日本能率協会マネジメントセンター）など

本書に関するお問い合わせ、コンサルティングに関するご相談は下記にご連絡ください。
（株）ほんま　コンサルティング事業部
ホームページ　http://www.homma-consulting.jp/
E-Mail：m.homma@mbf.nifty.com

誰も教えてくれない
「生産管理システム」の正しい使い方

NDC509.6

| 2018年9月27日 | 初版1刷発行 |
| 2022年10月5日 | 初版7刷発行 |

定価はカバーに表示されております。

　Ⓒ著　者　本　間　峰　一
　　発行者　井　水　治　博
　　発行所　**日刊工業新聞社**

〒103-8548　東京都中央区日本橋小網町14-1
電話　書籍編集部　　03-5644-7490
　　　販売・管理部　03-5644-7410
　　　FAX　　　　　03-5644-7400
振替口座　00190-2-186076
URL　https://pub.nikkan.co.jp/
email　info@media.nikkan.co.jp

印刷・製本　新日本印刷（POD3）

落丁・乱丁本はお取り替えいたします。　　2018 Printed in Japan
ISBN 978-4-526-07883-5　C3034

本書の無断複写は、著作権法上の例外を除き、禁じられています。

● 日刊工業新聞社の好評書籍 ●

誰も教えてくれない 「工場の損益管理」の疑問
そのカイゼン活動で儲けが出ていますか？

本間峰一 著
定価(本体1,800円+税)　　ISBN978-4-526-07549-0

工場が改善活動や原価管理をいくら徹底しても会社全体としては儲からず、給与が増えないのはなぜか。棚卸や配賦、償却など工場関係者が日常ほとんど使わない会計の最低限の知識を噛み砕いて伝え、企業トータルで儲けが出る工場の損益管理の方法を指南する。経理部門とのやりとりをはじめ、製造直接/間接部門の管理職が身につけておきたい損益管理の疑問に答える。

受注生産に徹すれば 利益はついてくる！
取引先に信頼で応える"おもてなし"経営

本間峰一 著
定価(本体1,800円+税)
ISBN978-4-526-07228-4

納入先や調達内容により業績が一変する受注生産企業は経営の舵取りが難しいとされるが、むしろその強みを活かす経営を追求する方が生き残れる可能性は高い。そこで受注生産企業が儲かるための対応力強化に向け、「取引先販売動向を注視」「密な情報共有」「改善の励行」「取引先資源の徹底活用」を説く。取引先に信頼で応える「おもてなし経営」の極意を示す。

社長が「在庫削減！」と 言い出した会社は成長しない

本間 峰一 著
定価(本体1,800円+税)
ISBN978-4-526-07079-2

日本のビジネス社会では「在庫は悪」との固定観念が根強く、狂信的な在庫削減に取り組む企業が多い。在庫削減は短期的な収益改善に結びついても、長期的な企業成長に適した施策とは言えない。そこで在庫が持つ経営効果を再定義し、単なるキャッシュフロー向上のみならず、顧客要求納期への追従やトータルコスト削減のための前向きな在庫活用術を説く。